Technik Malbuch

Alexander von Stahl

ISBN: 9798873173150

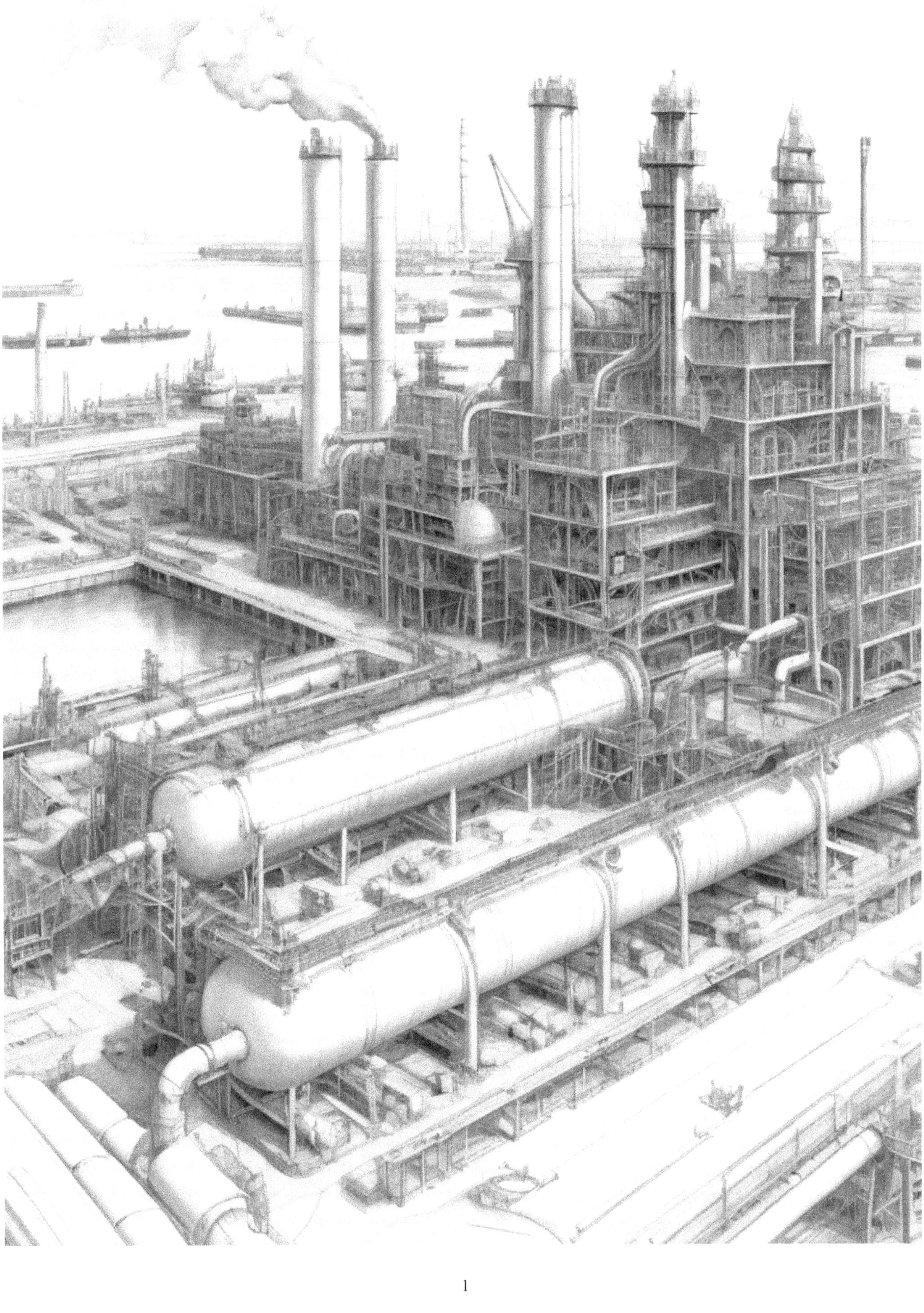

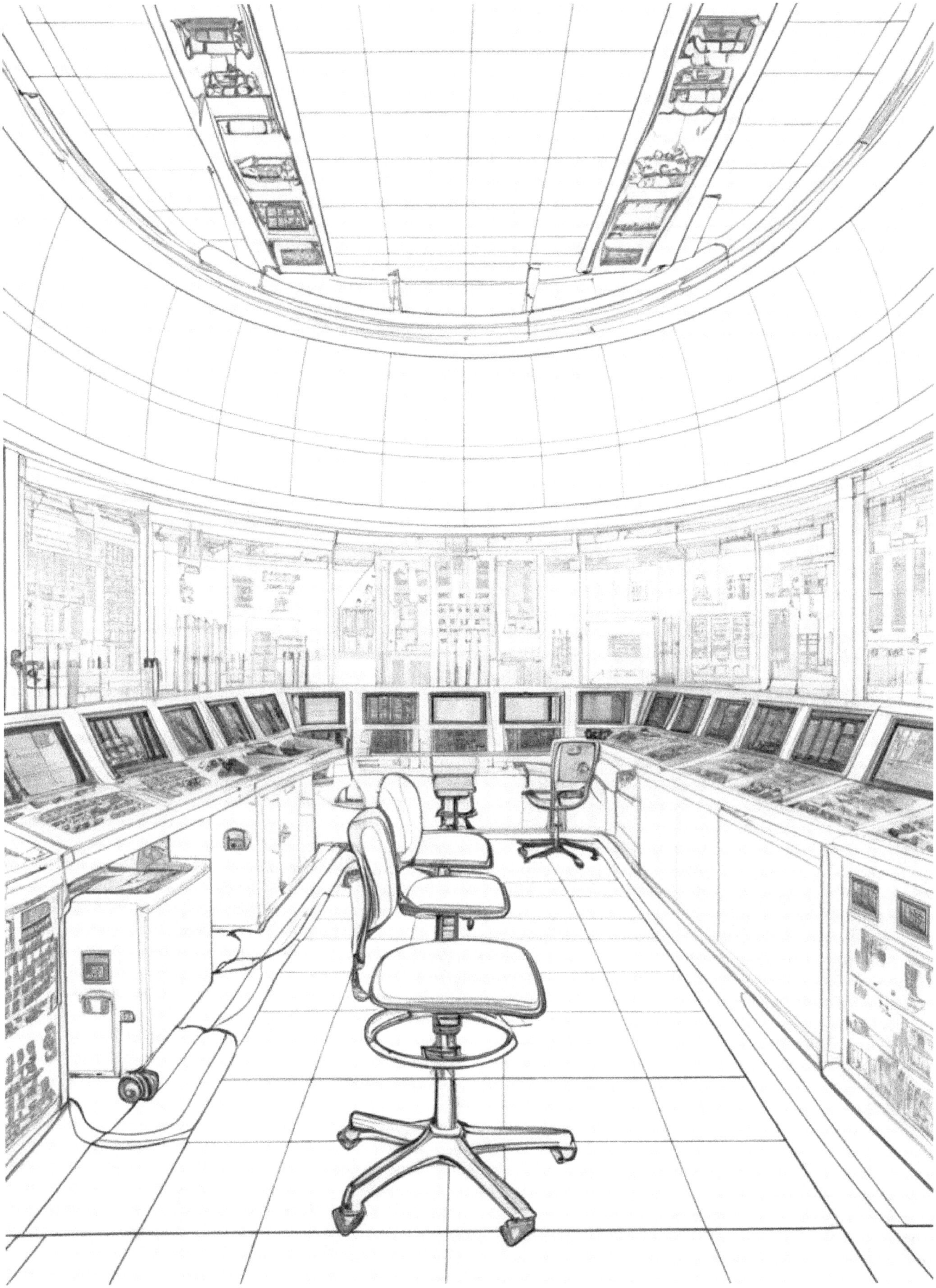

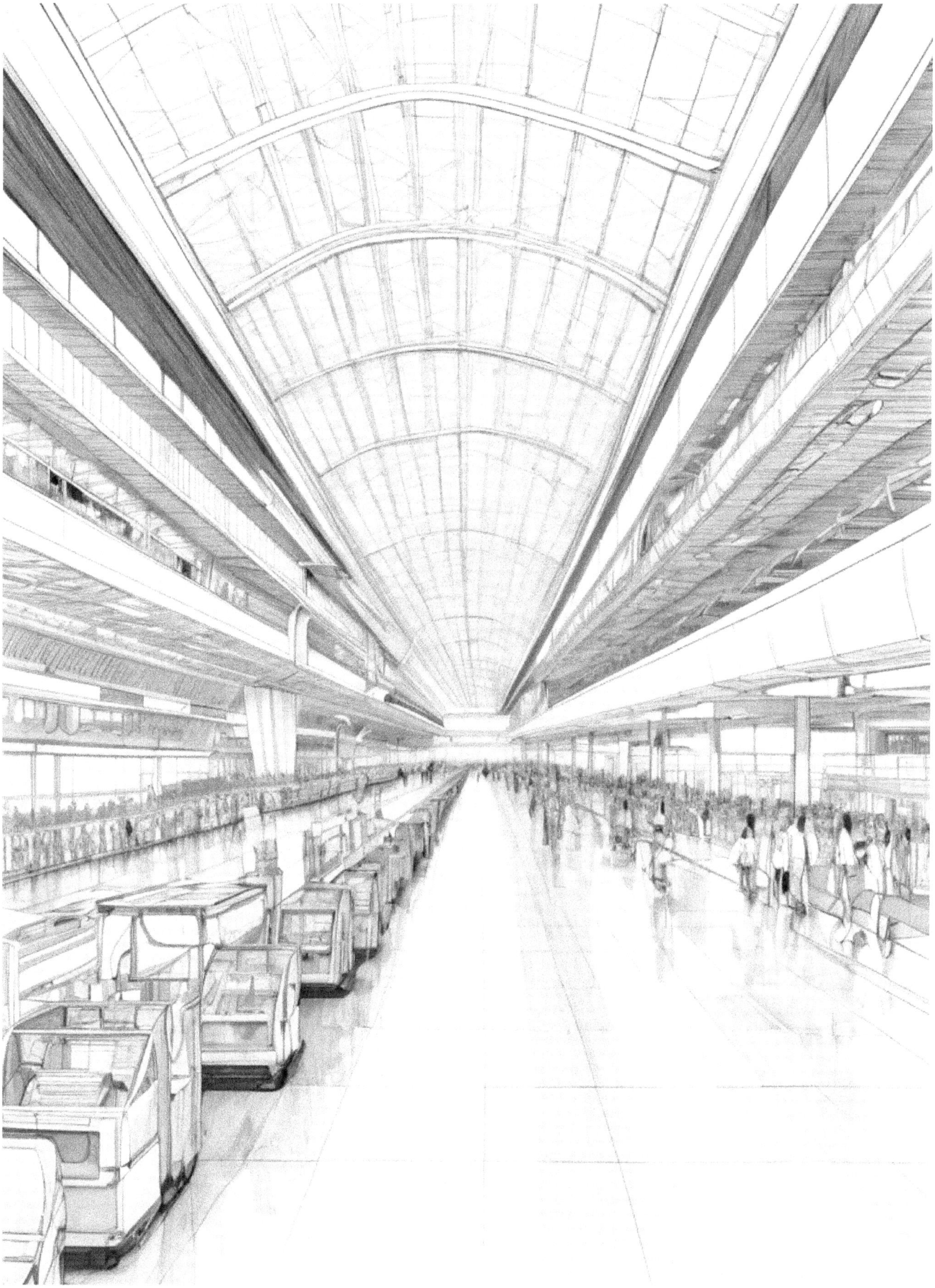

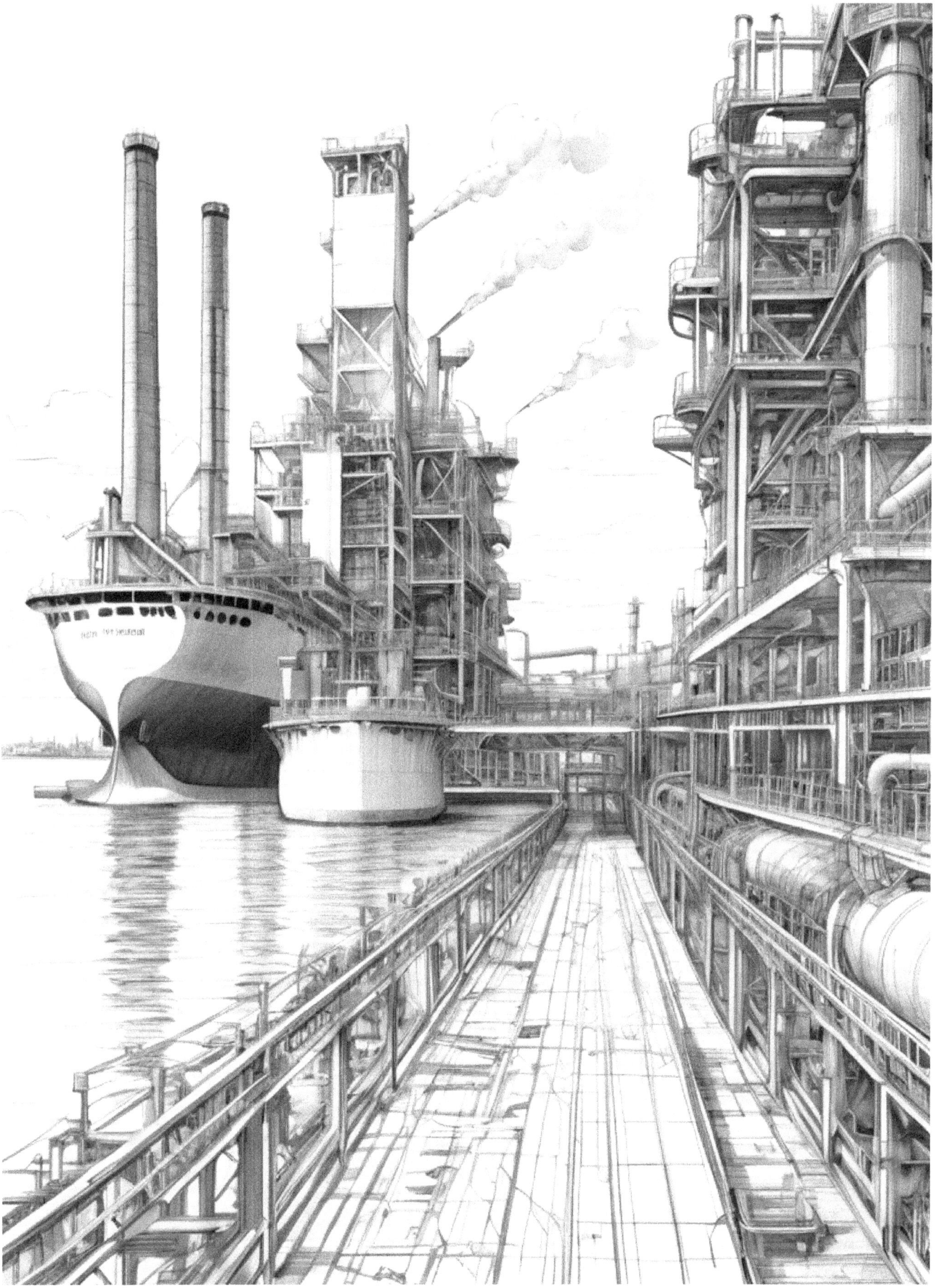

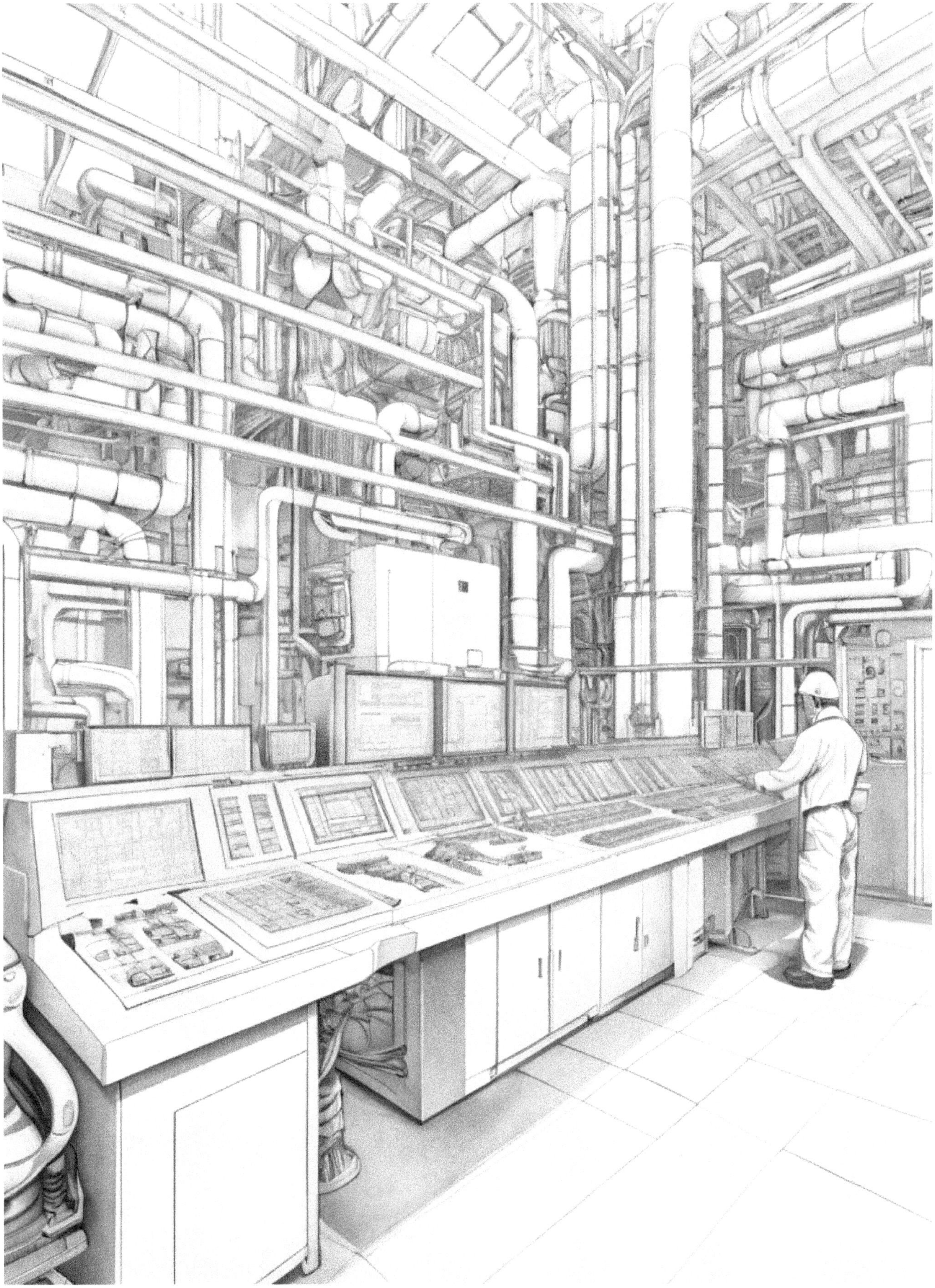

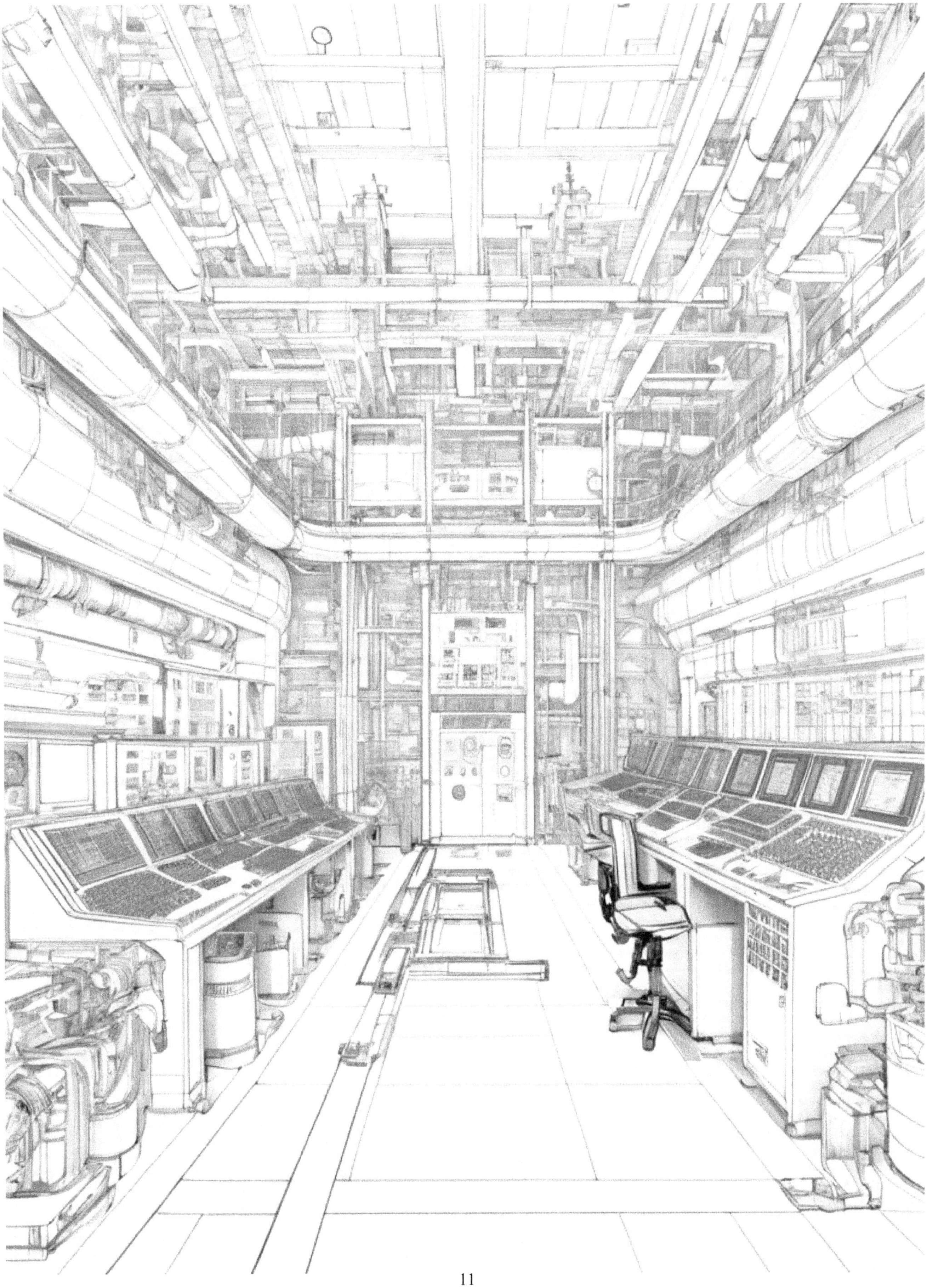

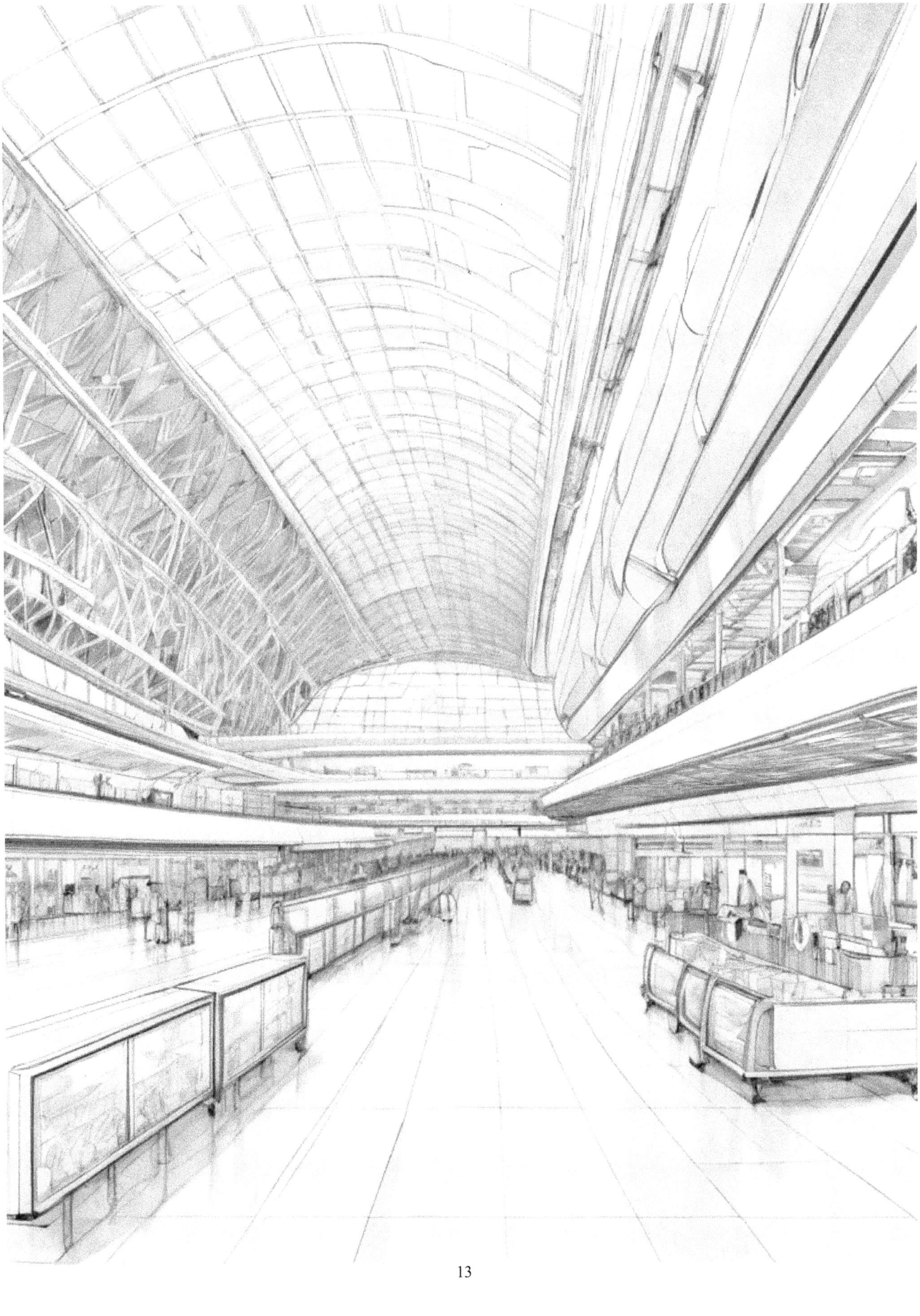

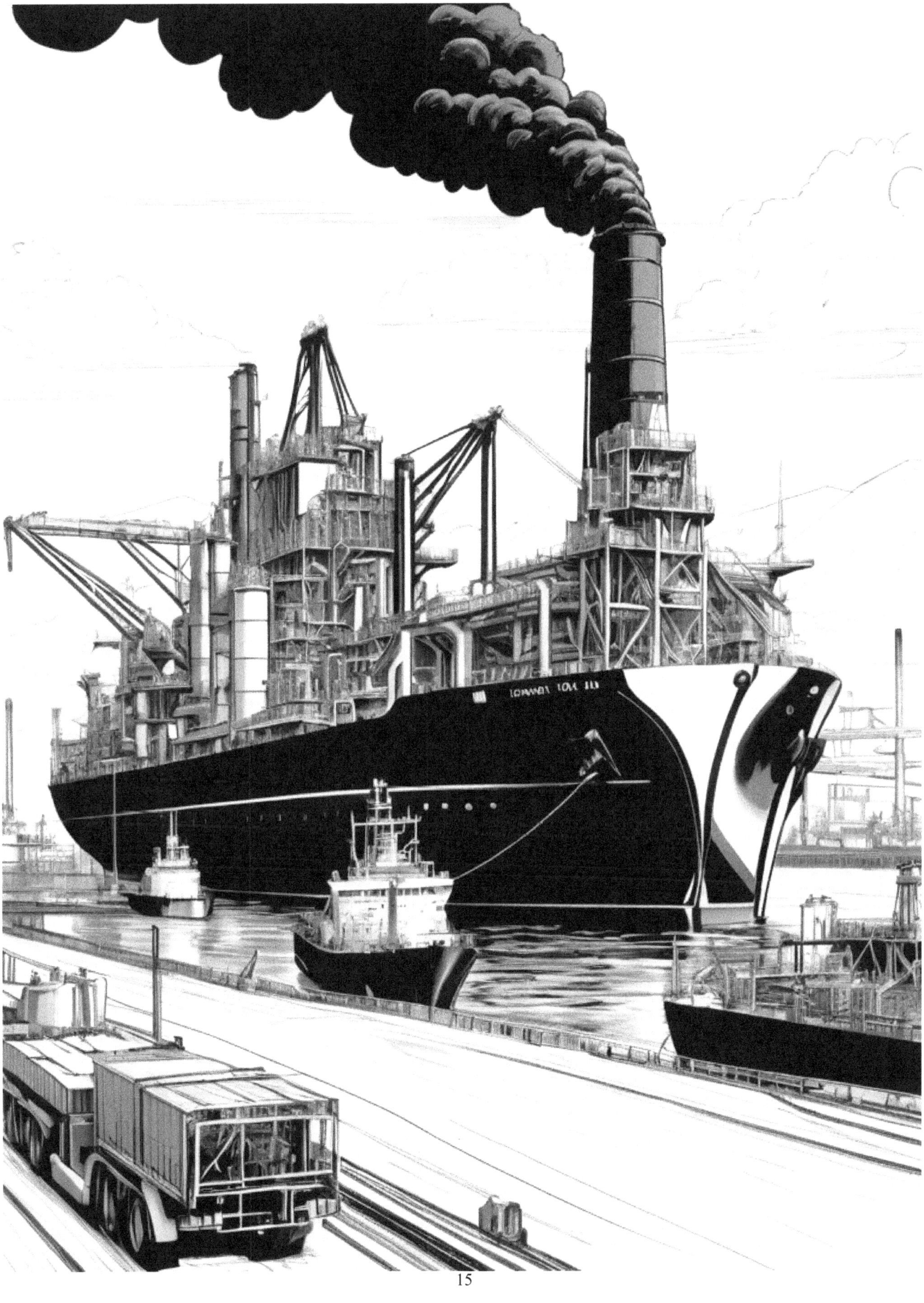

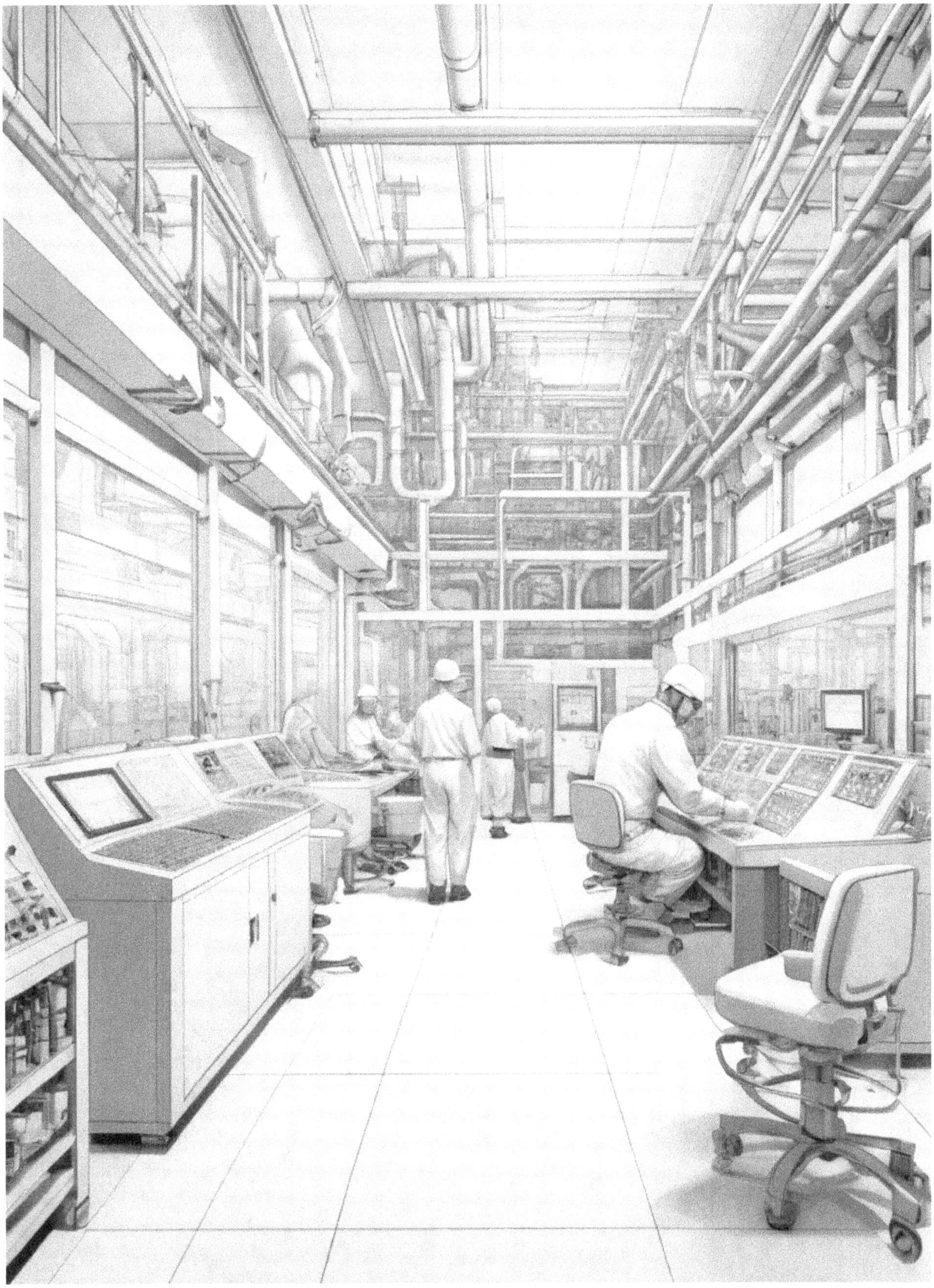

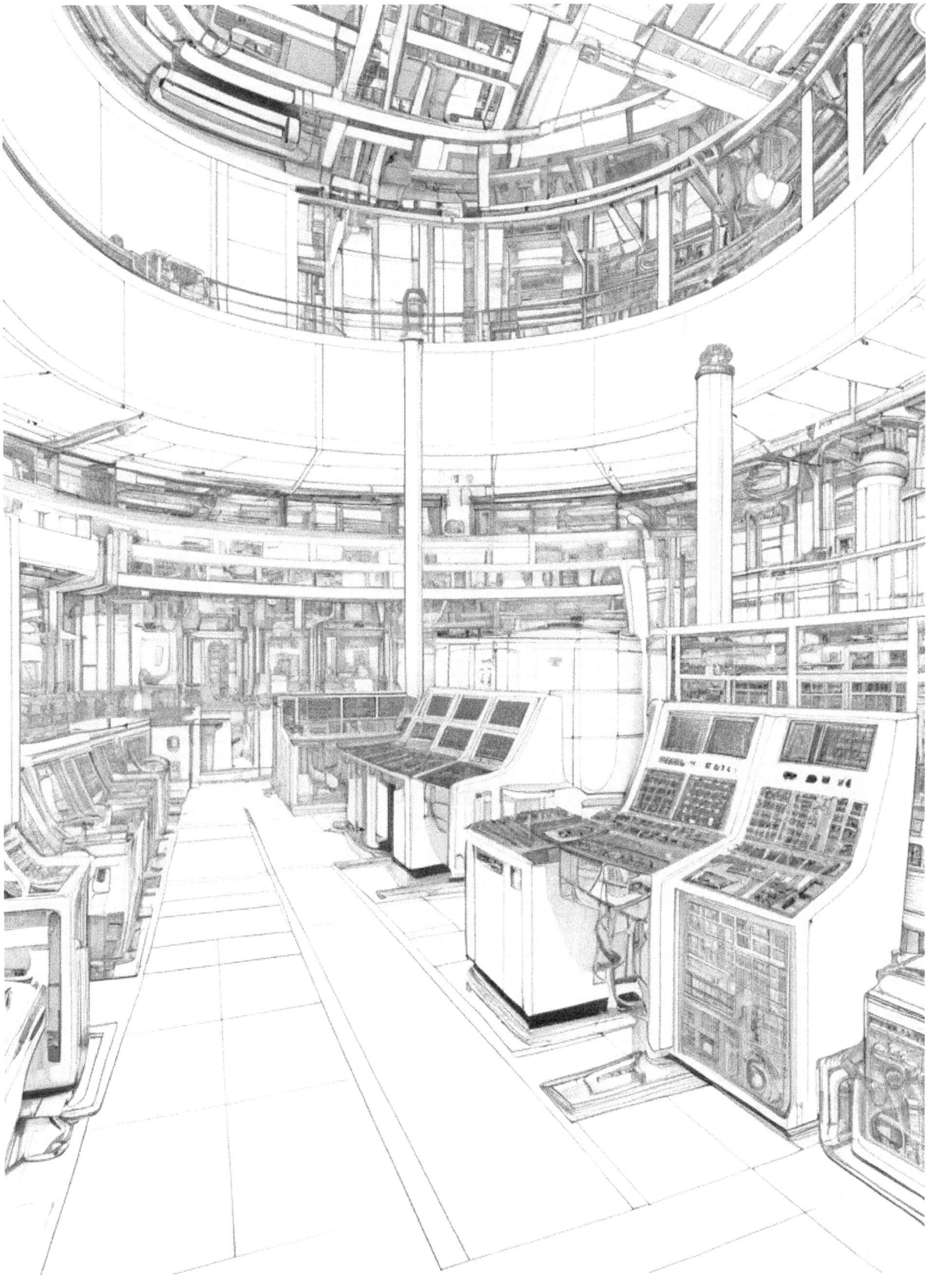

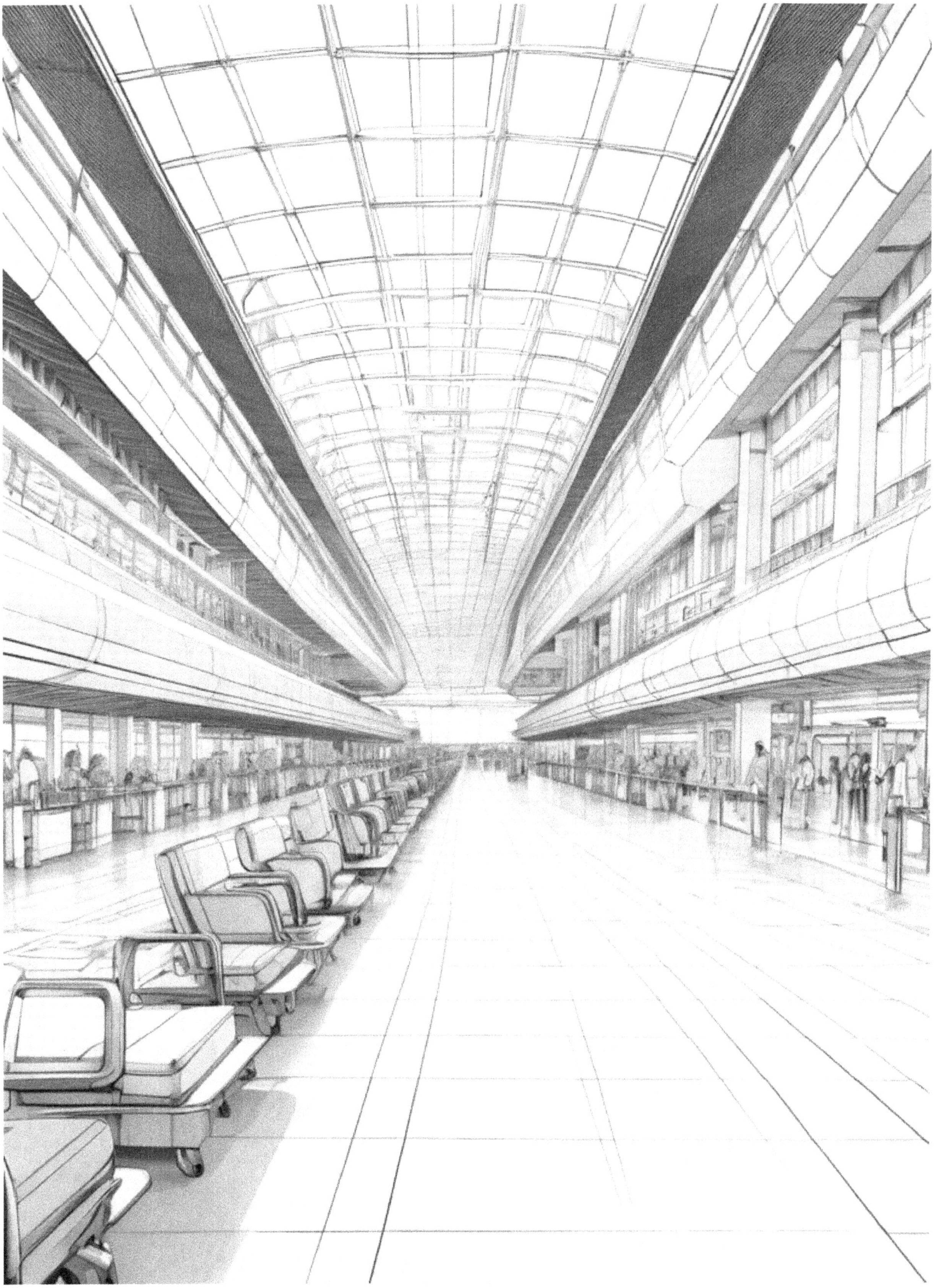

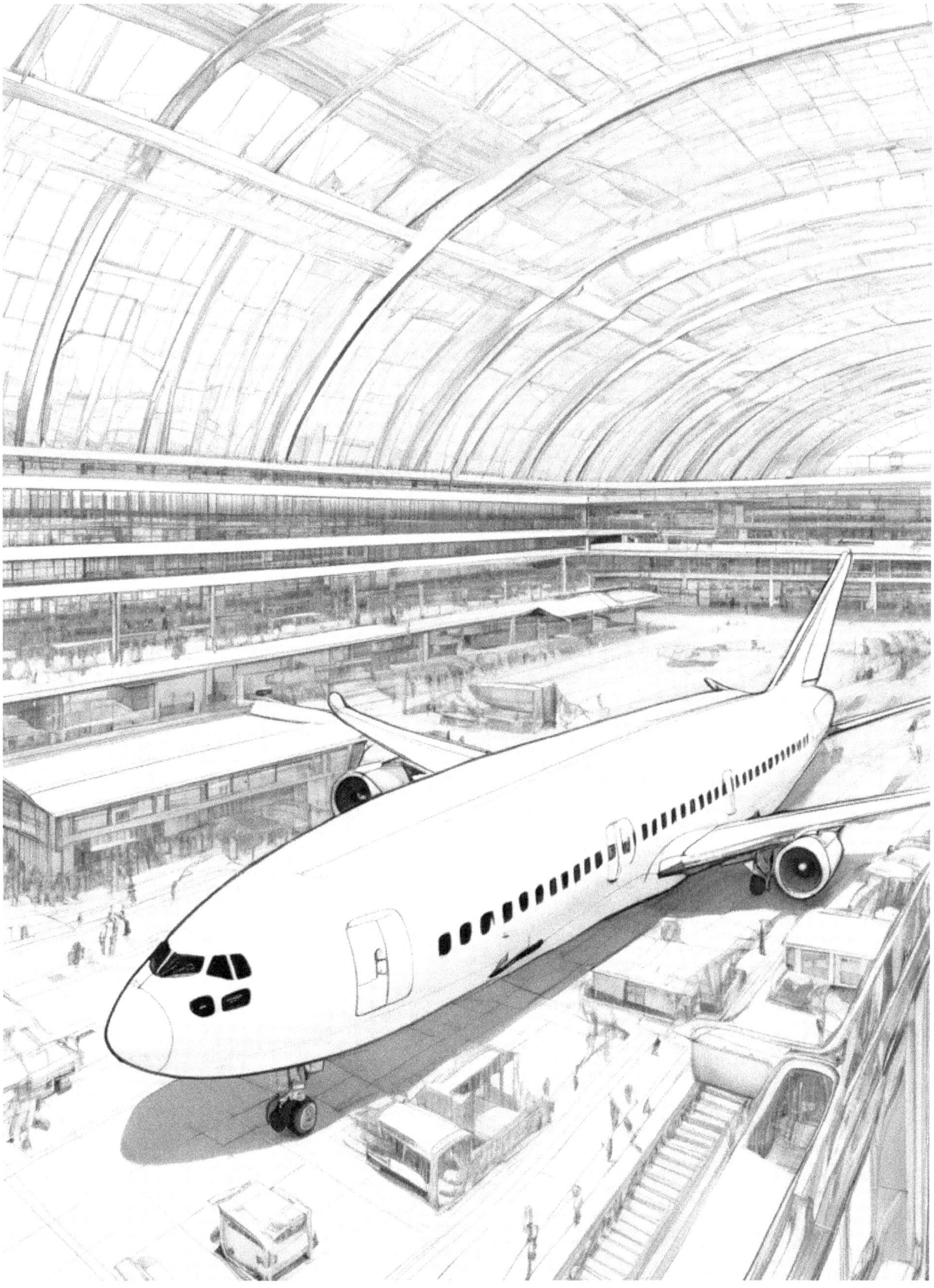

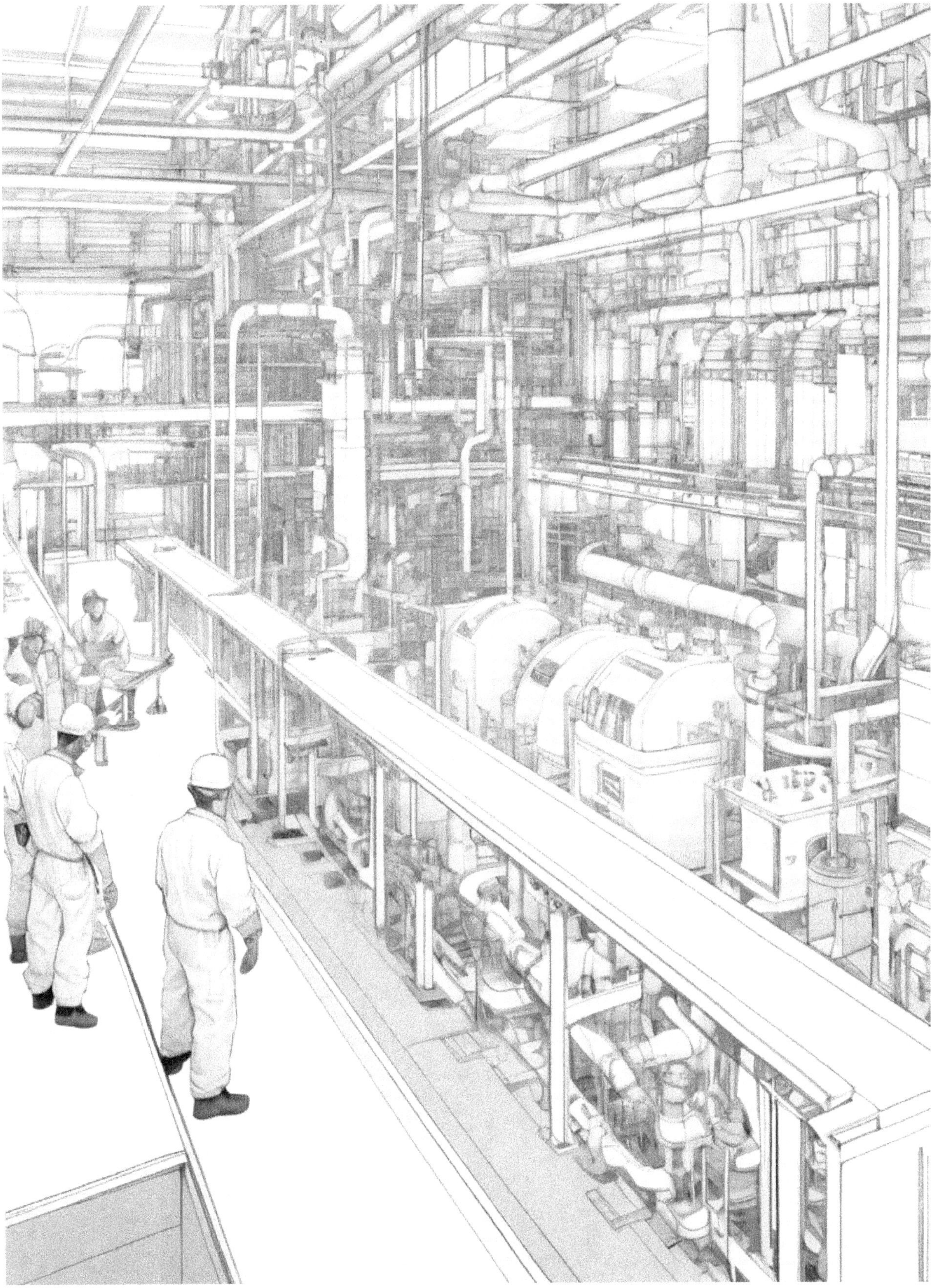

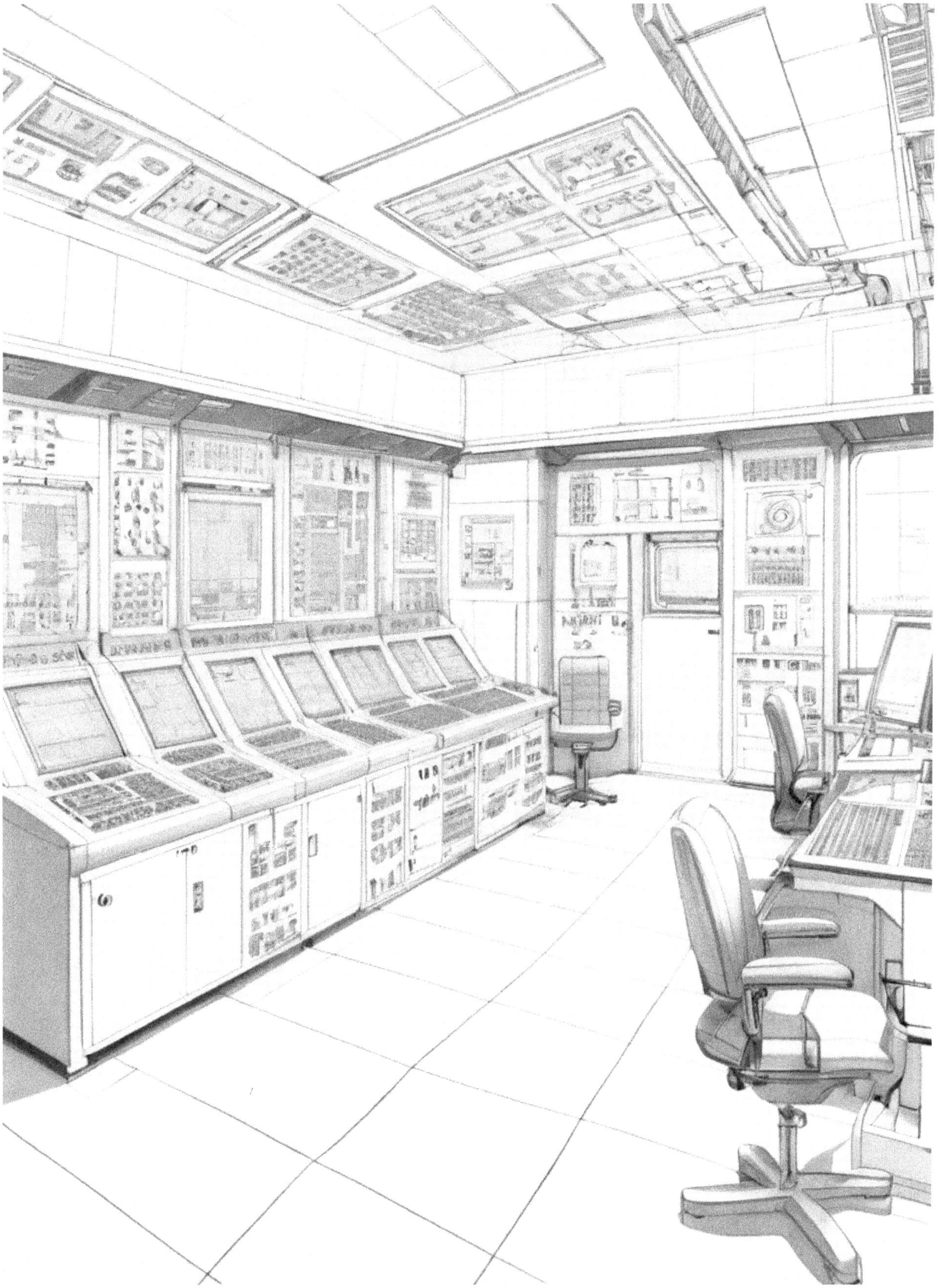

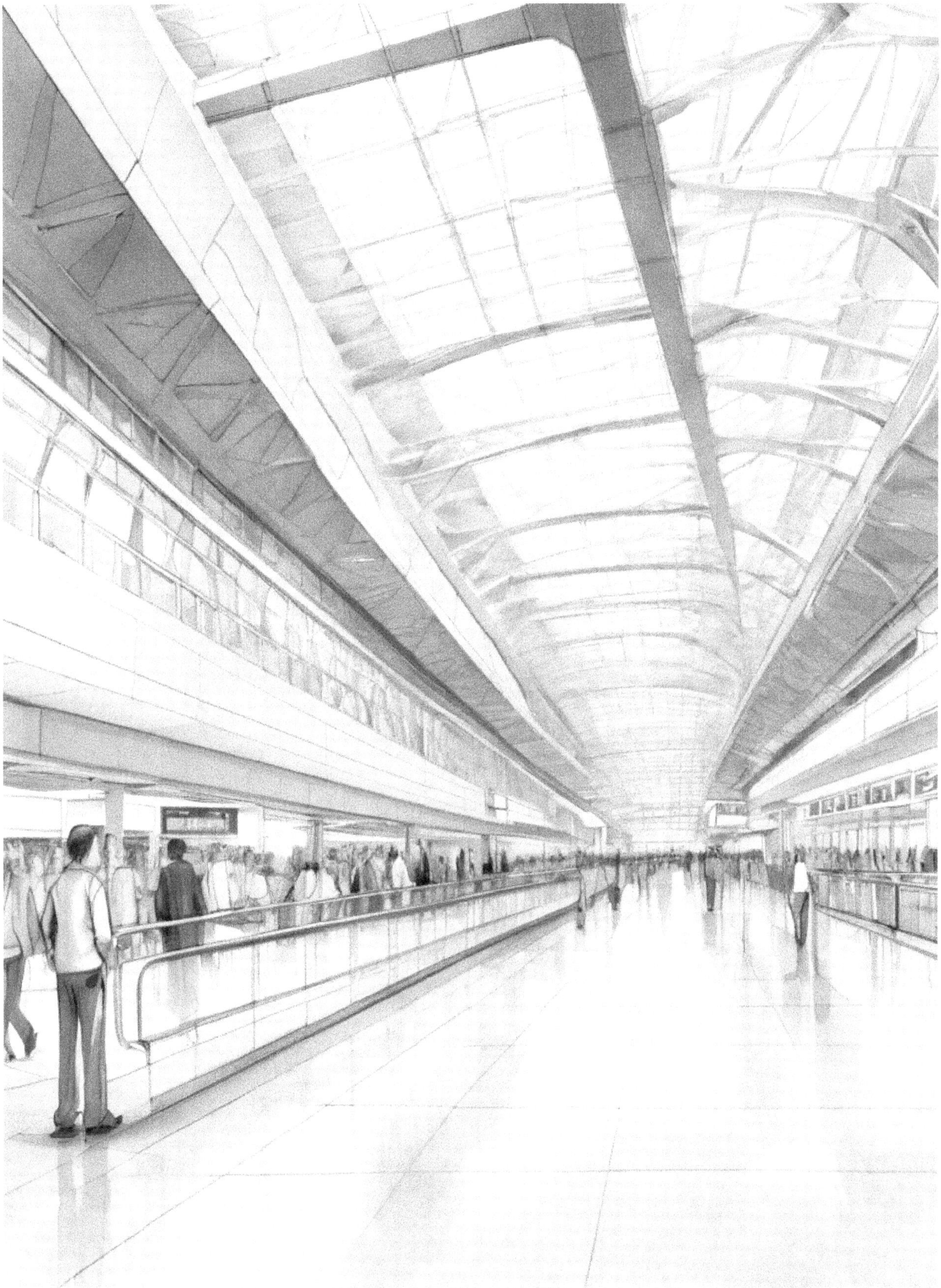

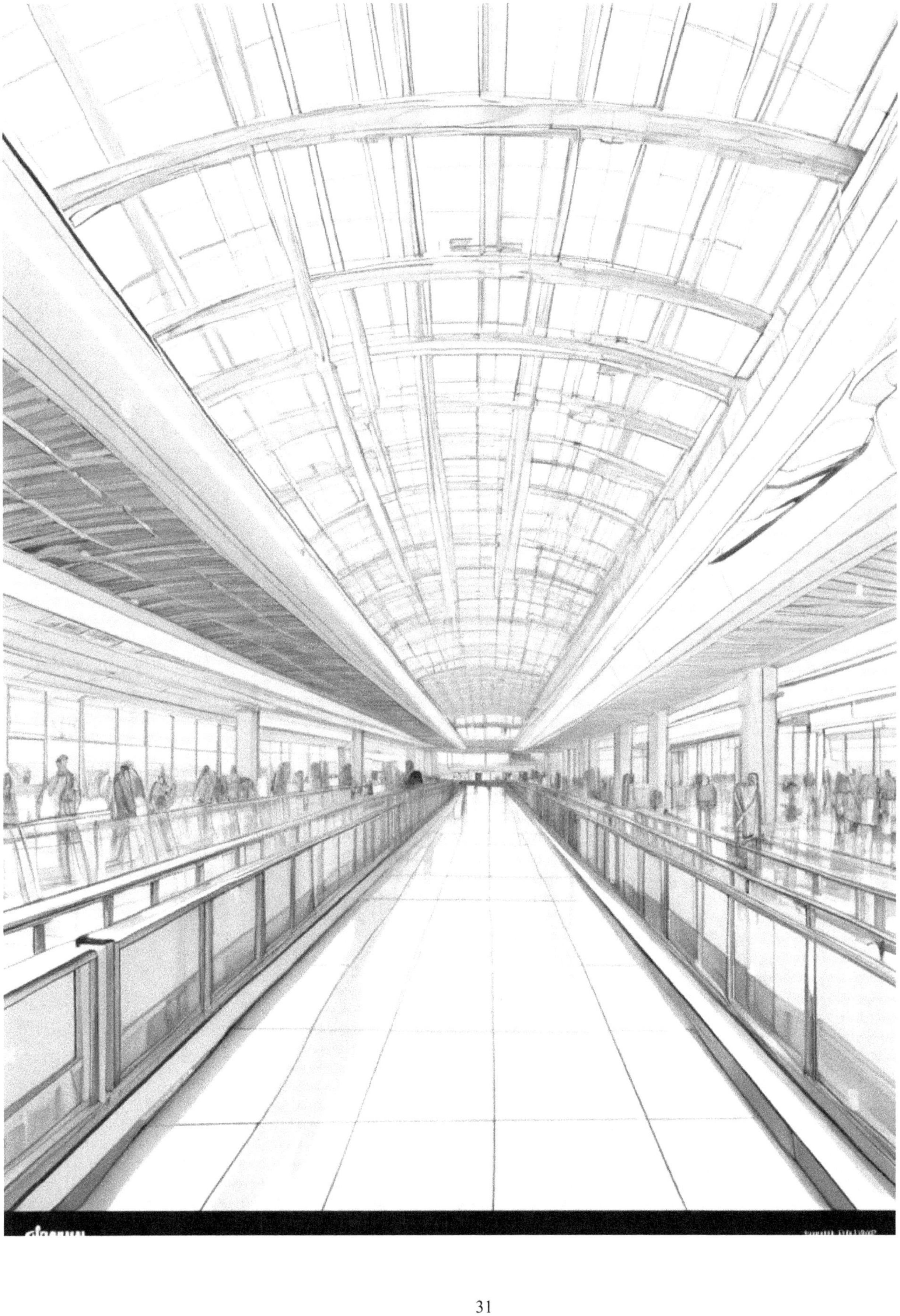

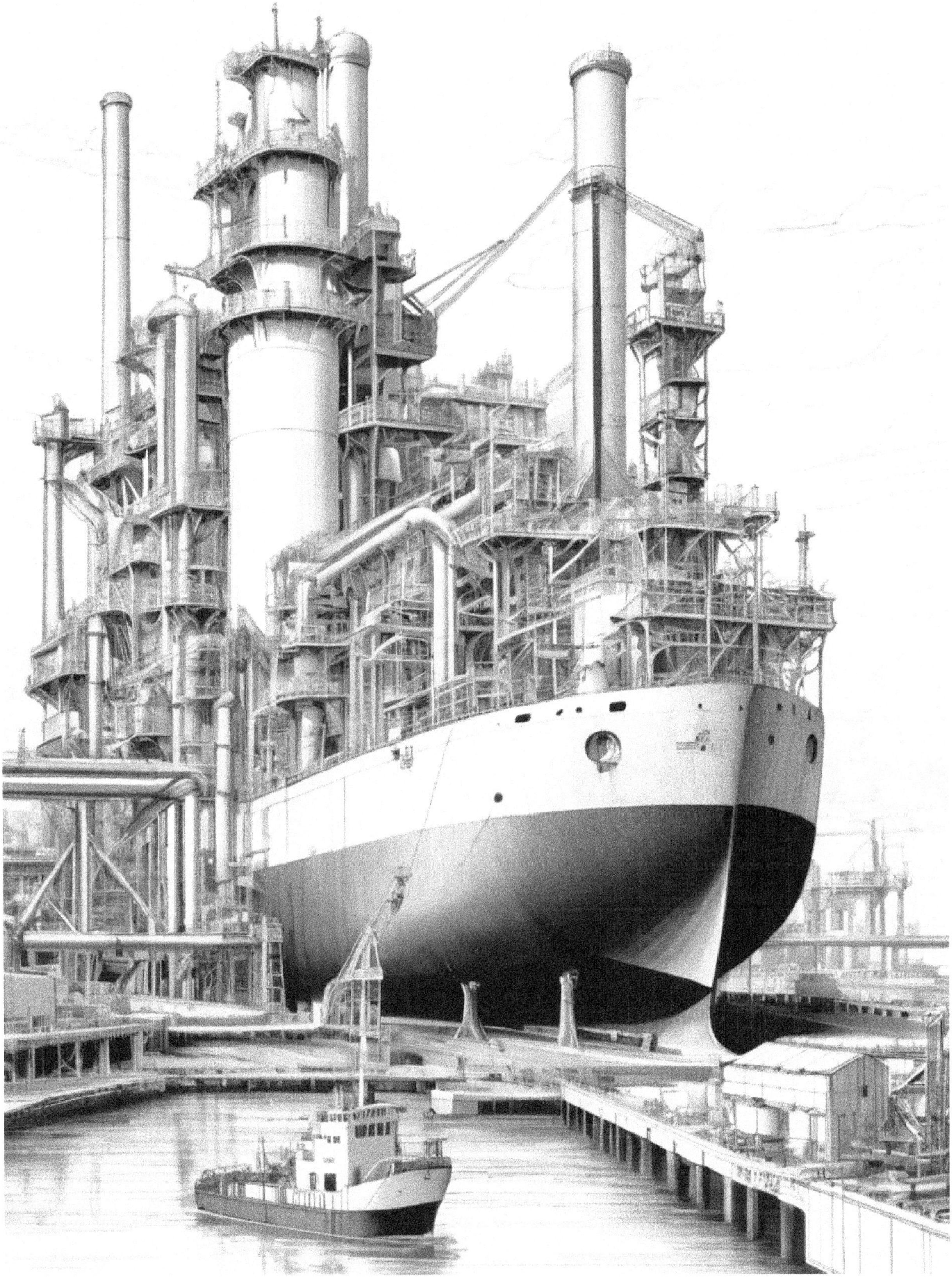

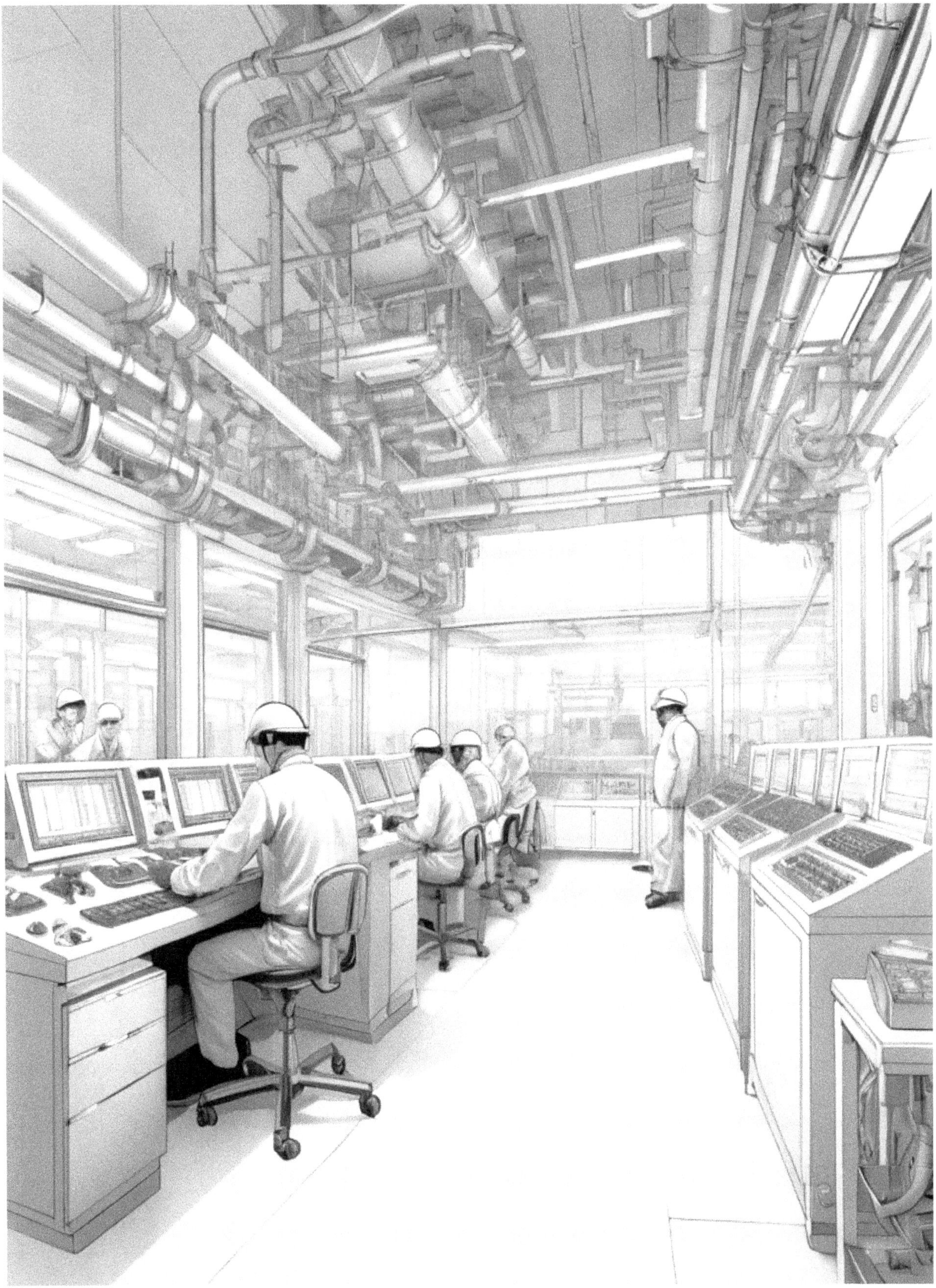

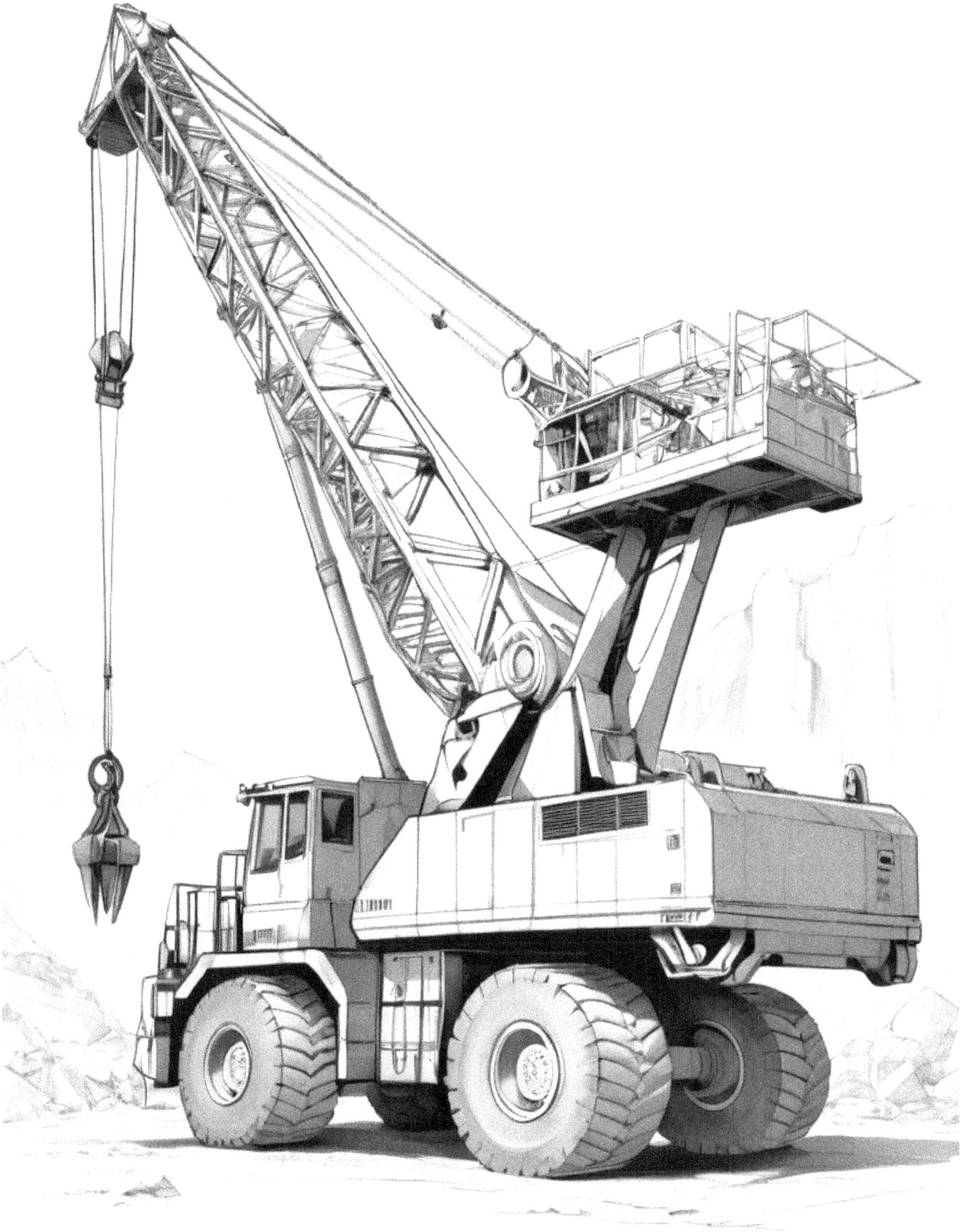

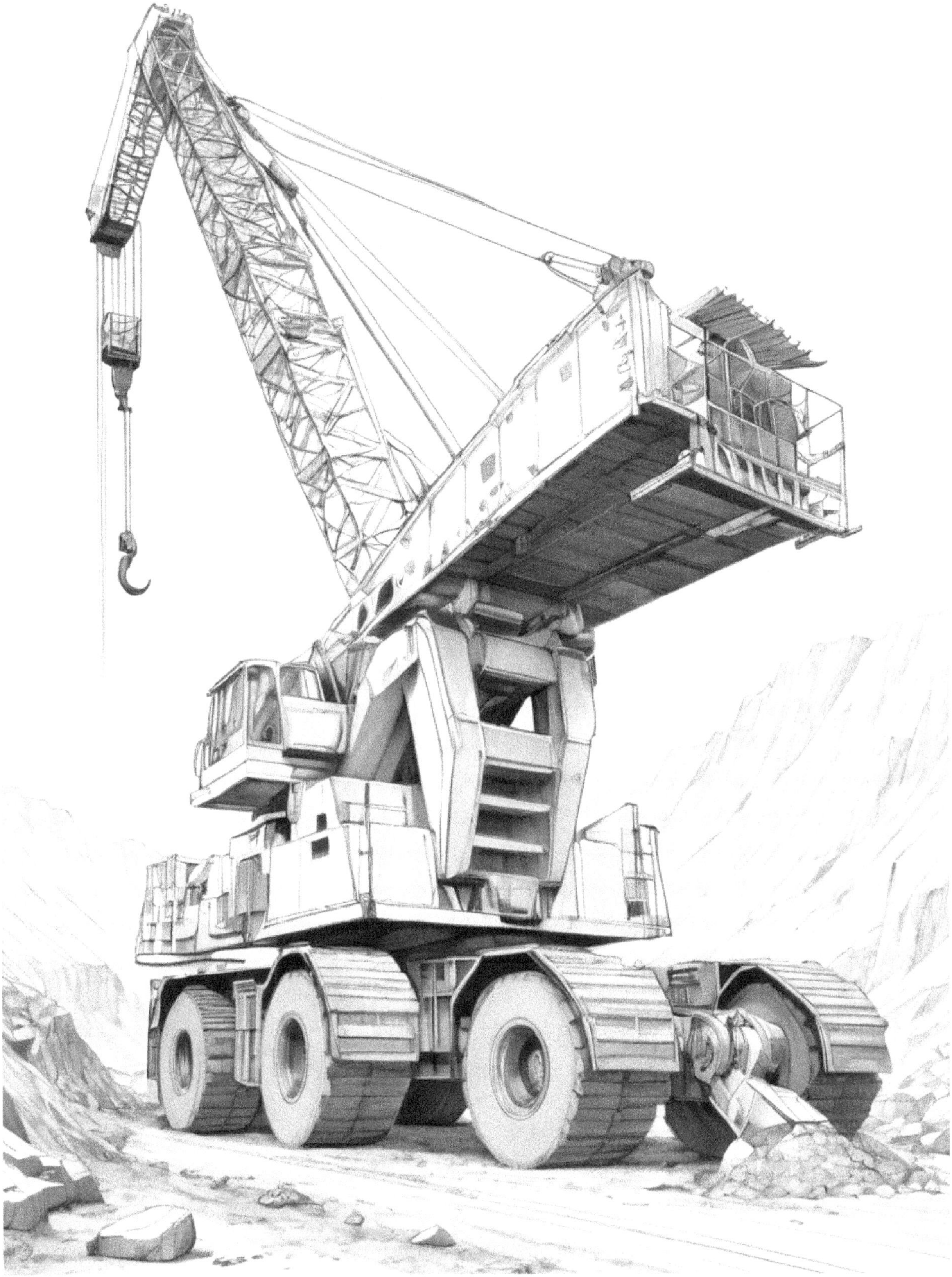

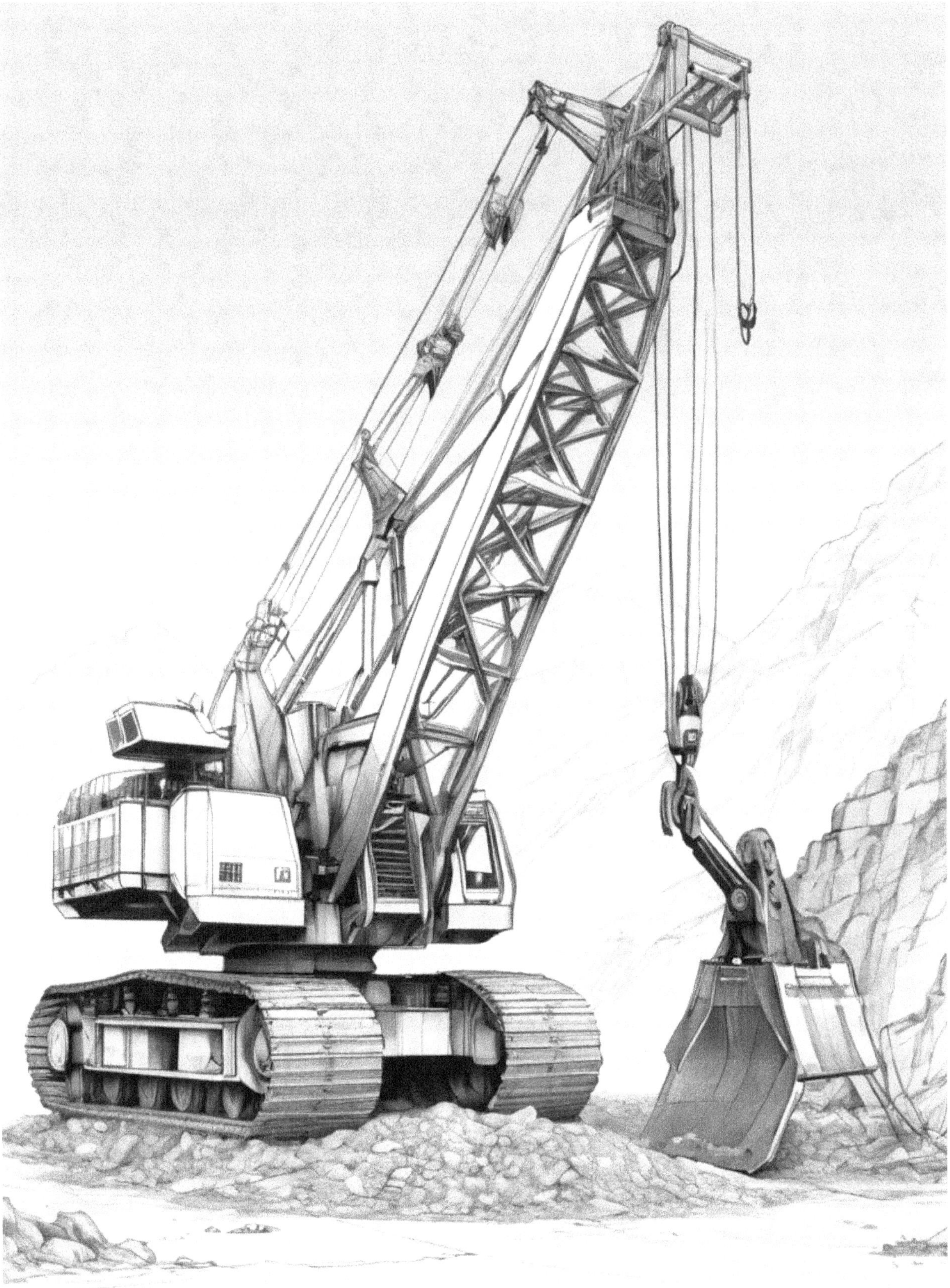

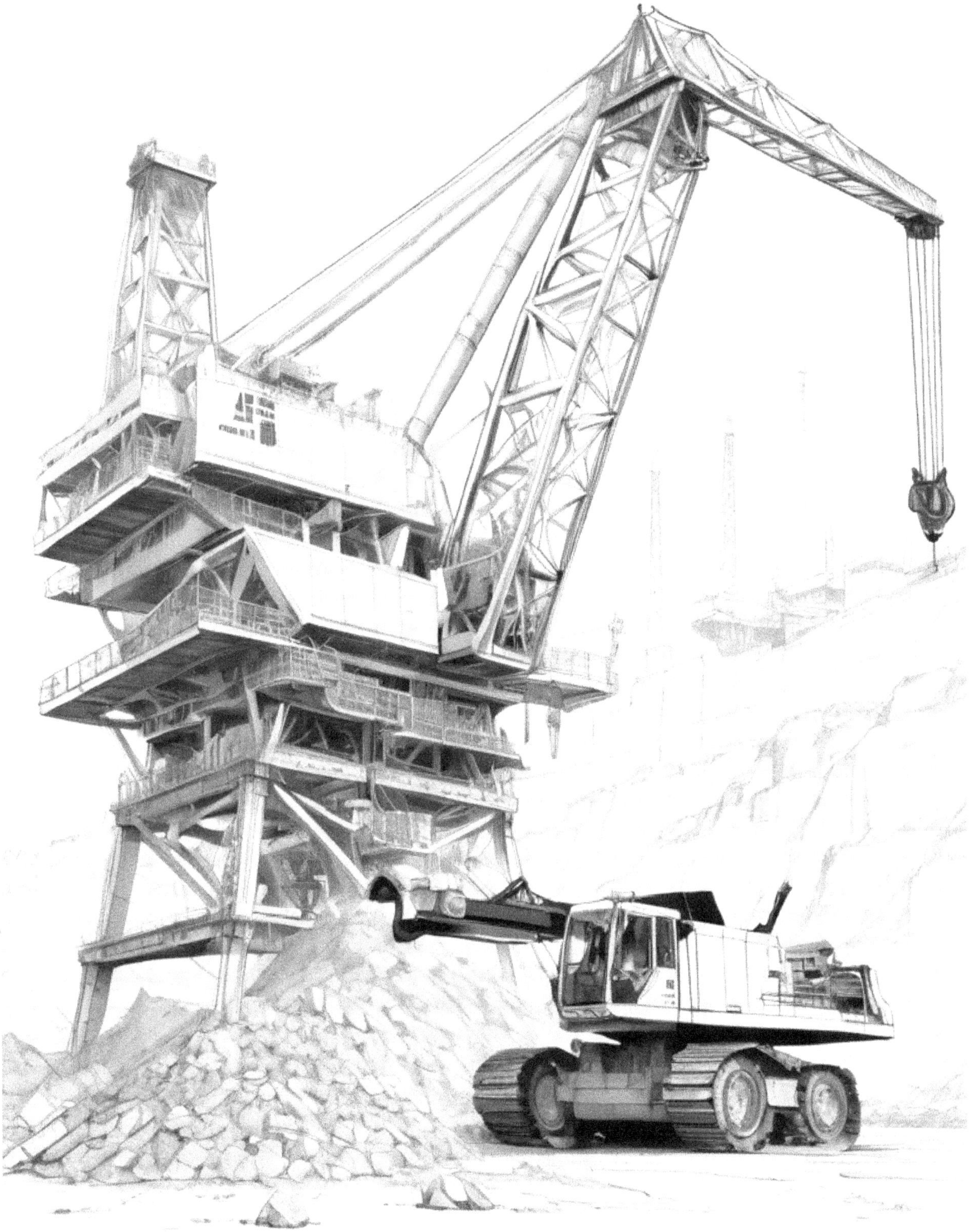

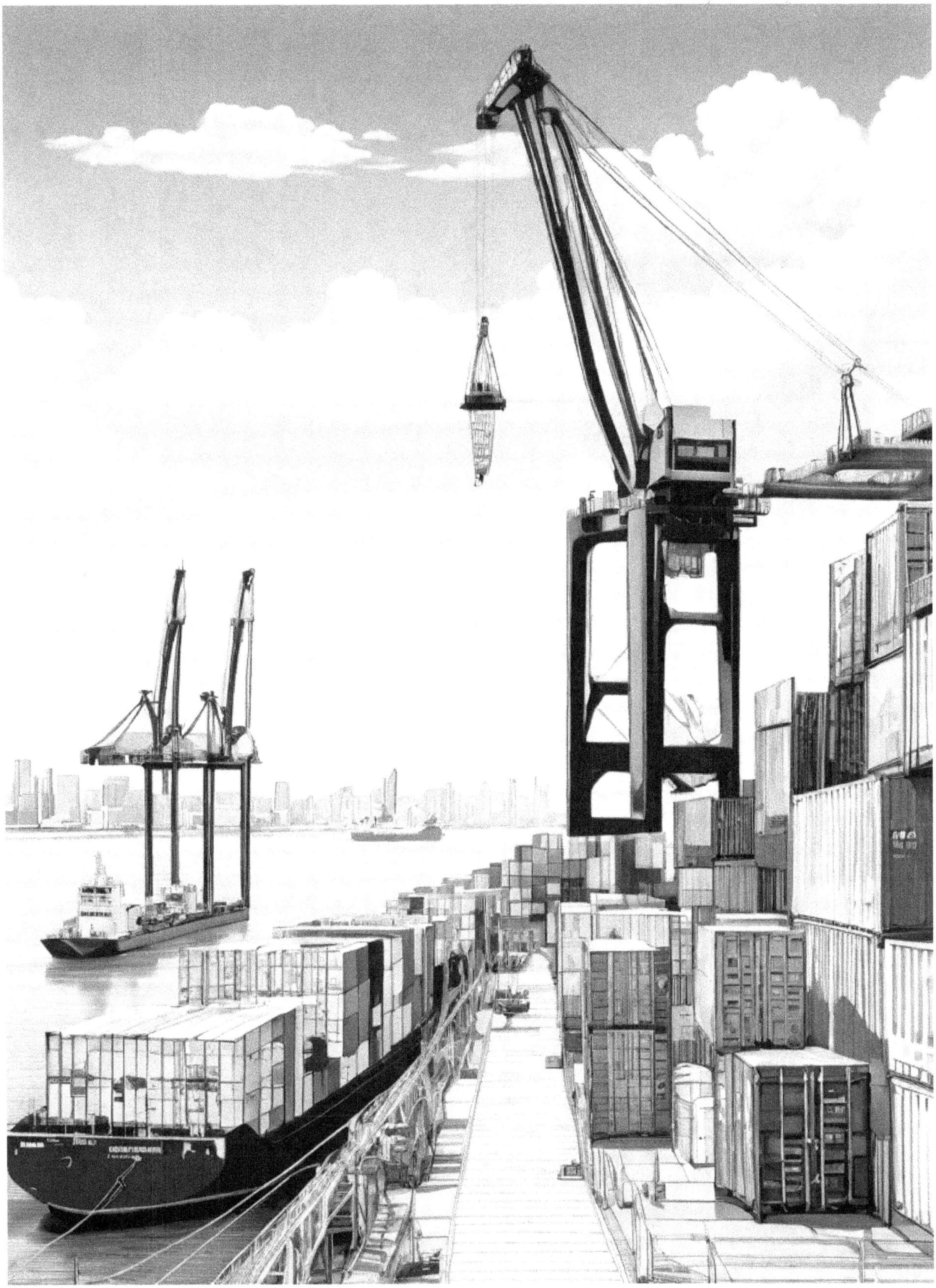

V

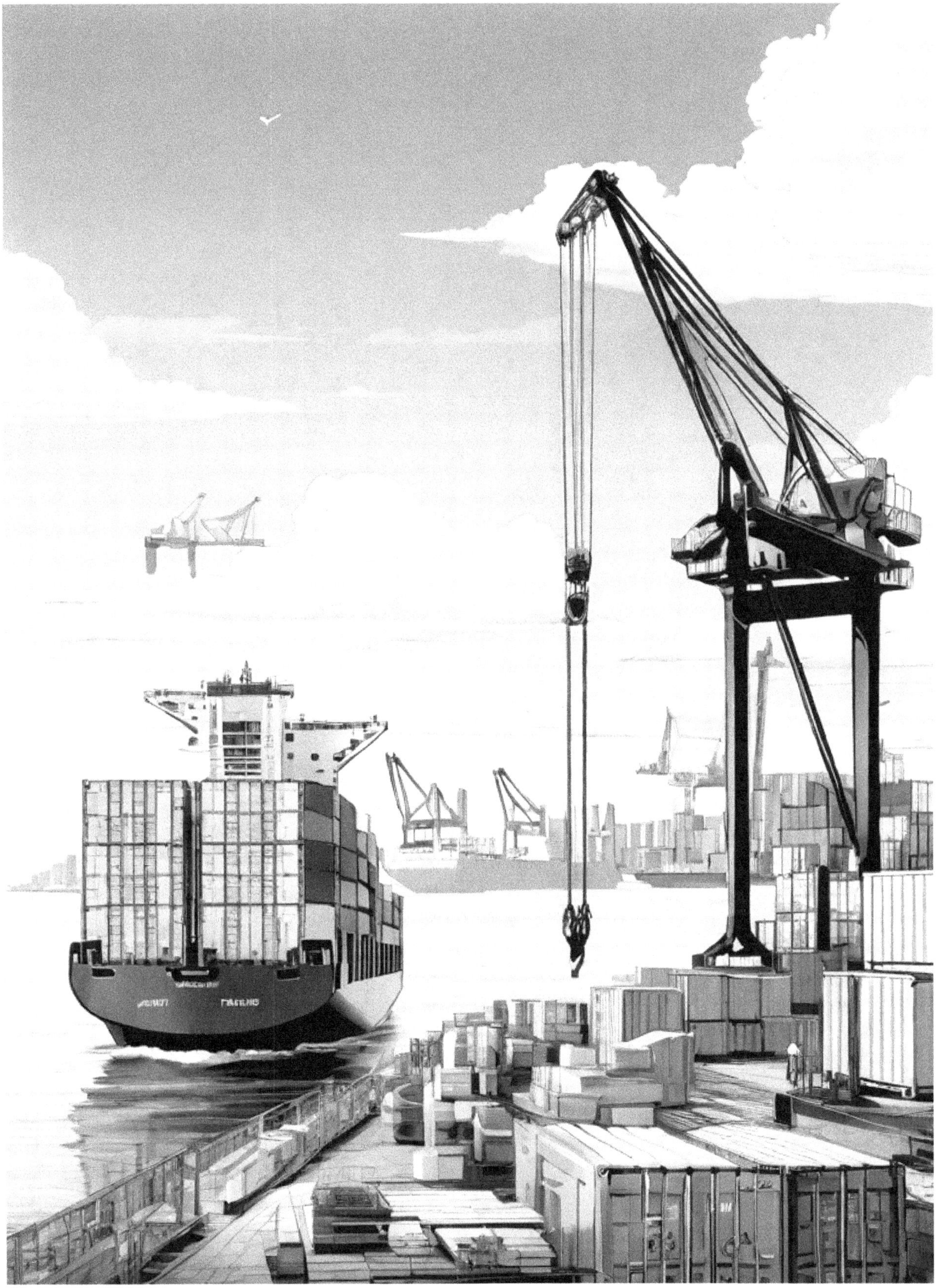

V

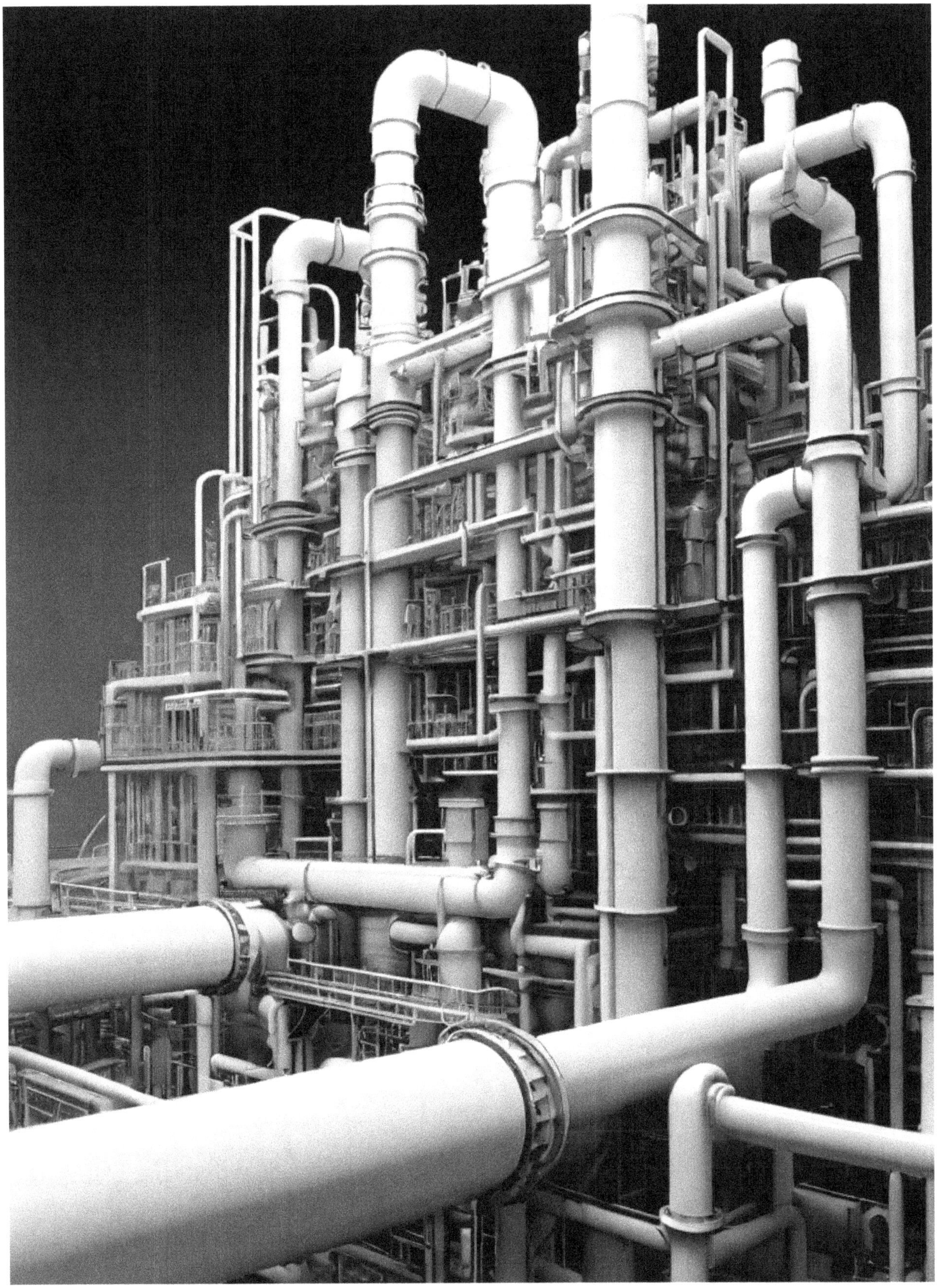

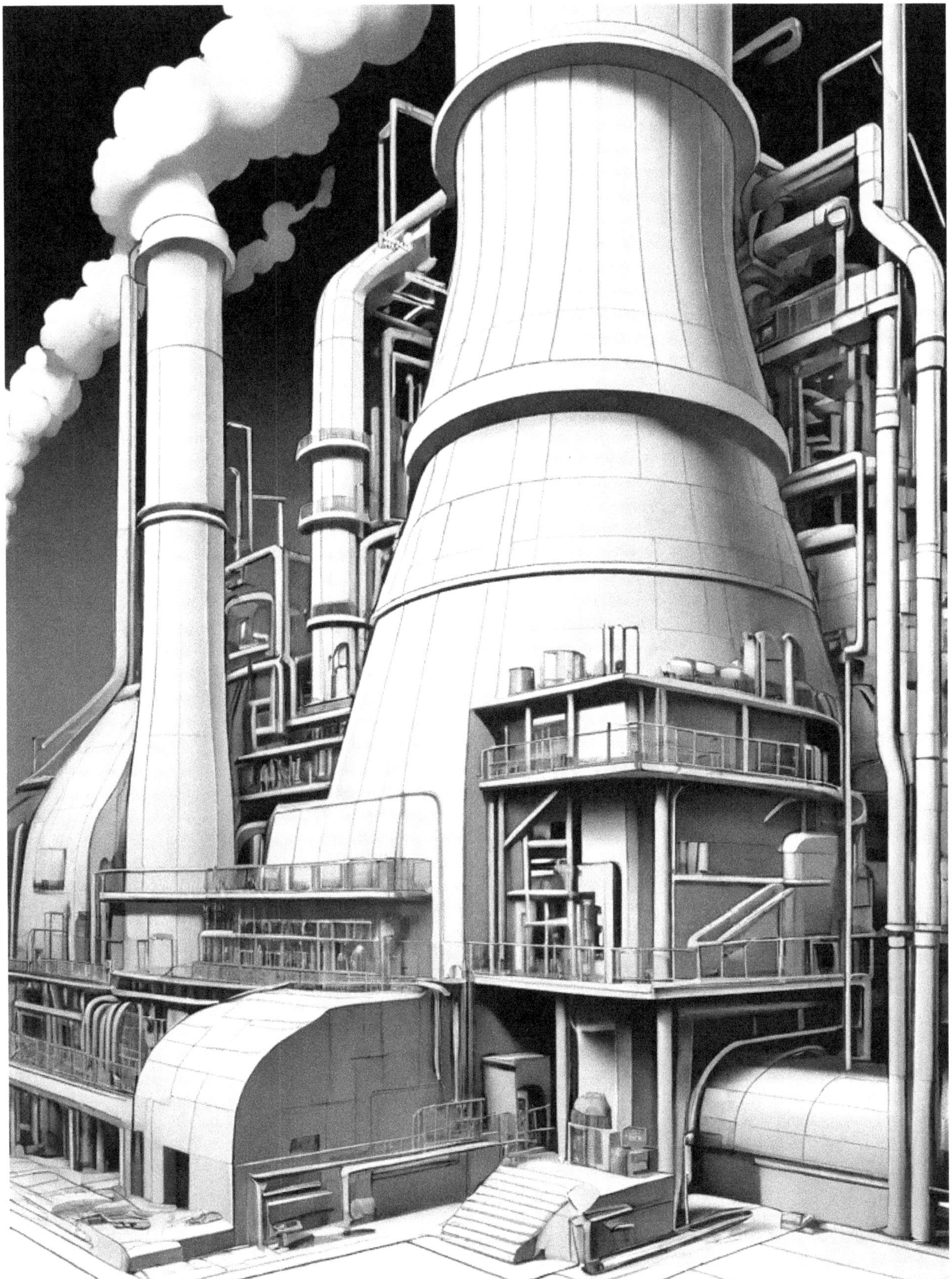

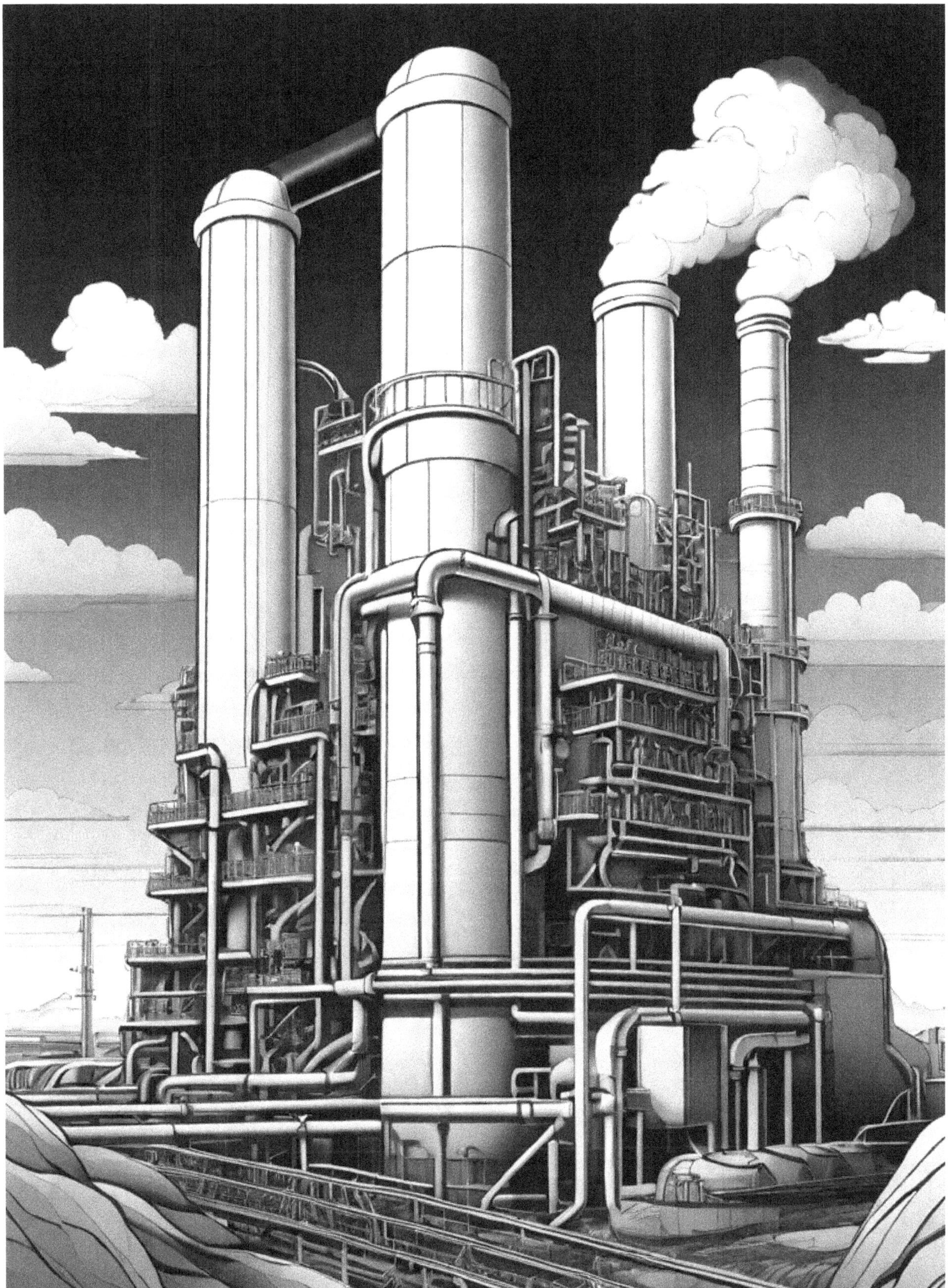

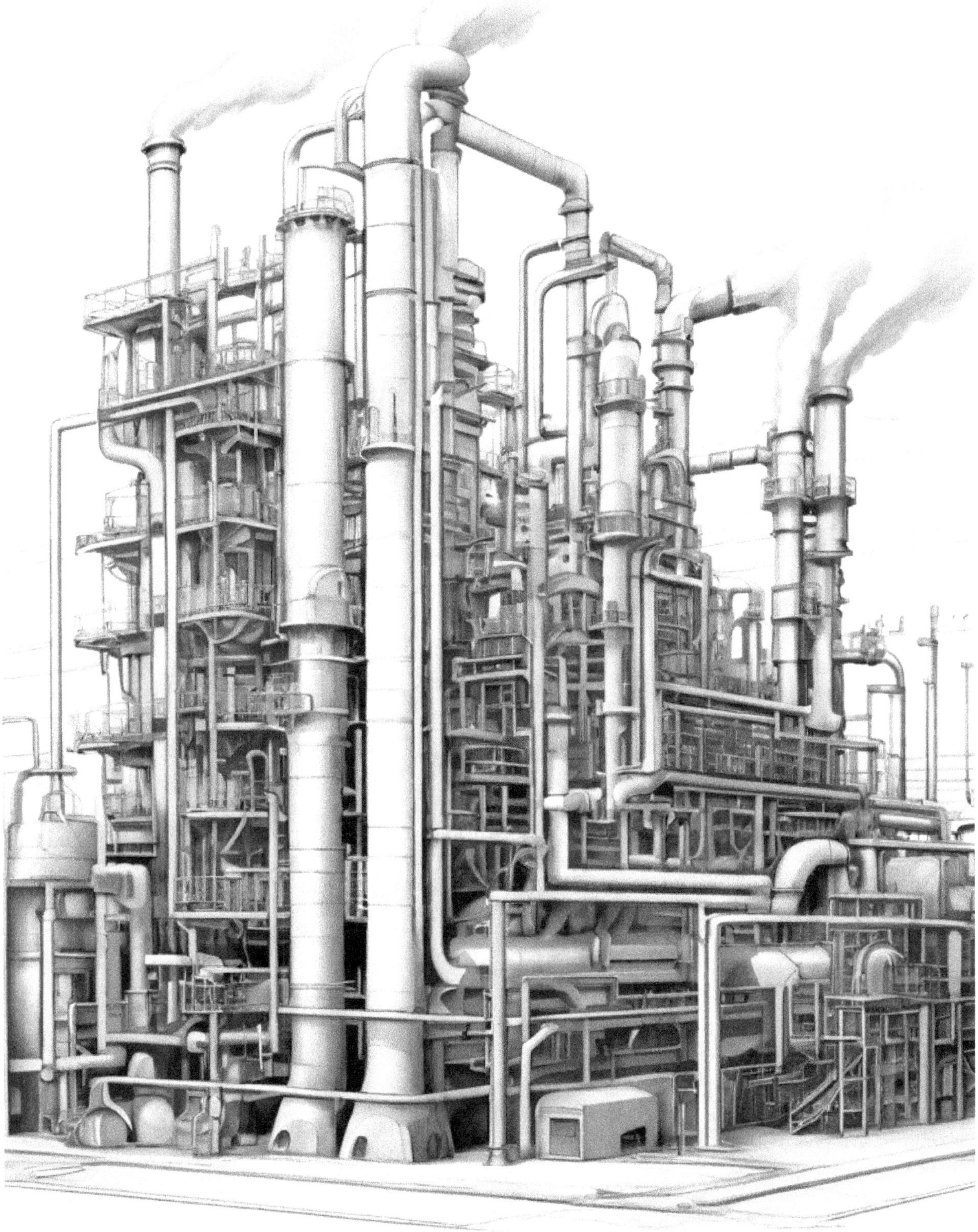

V

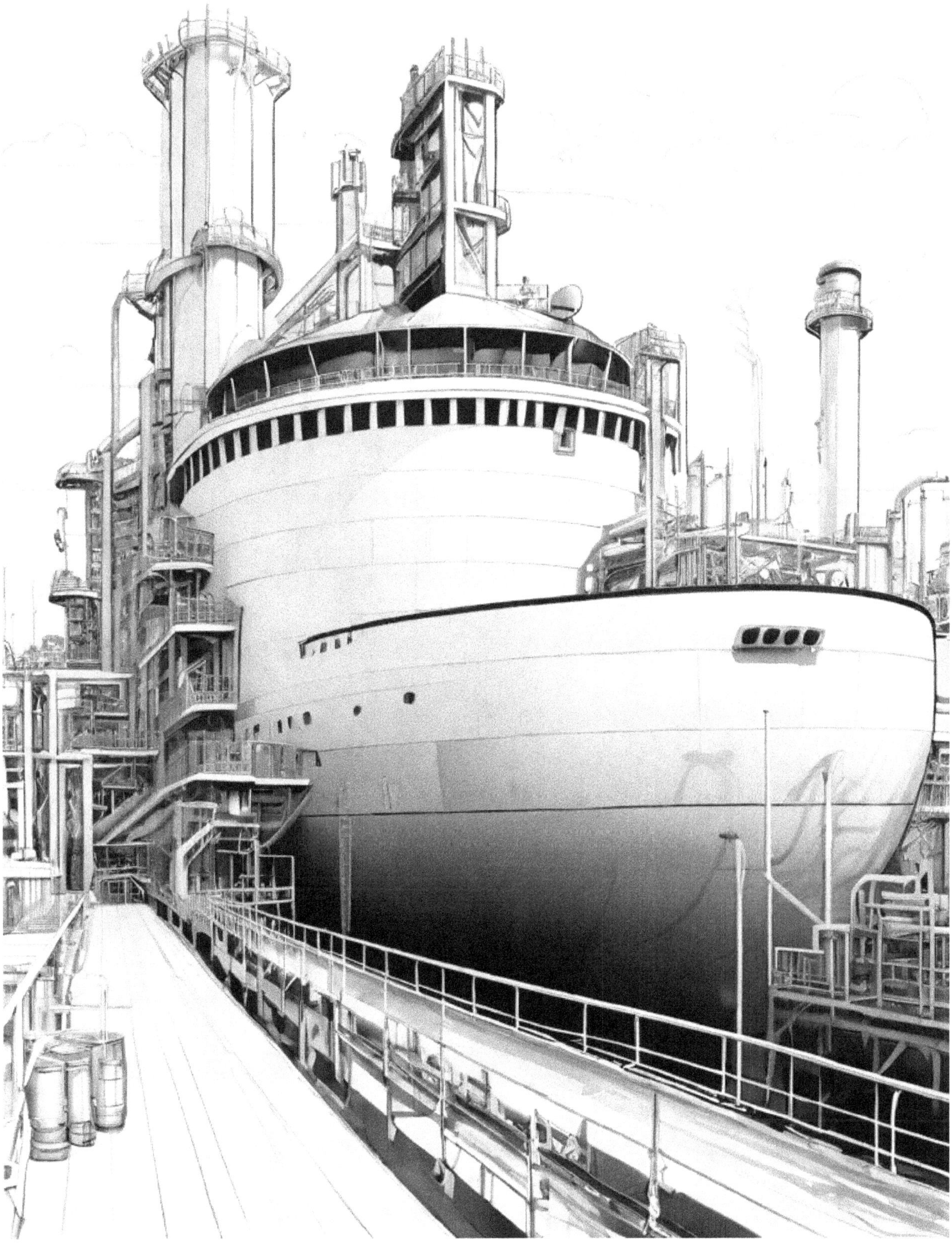

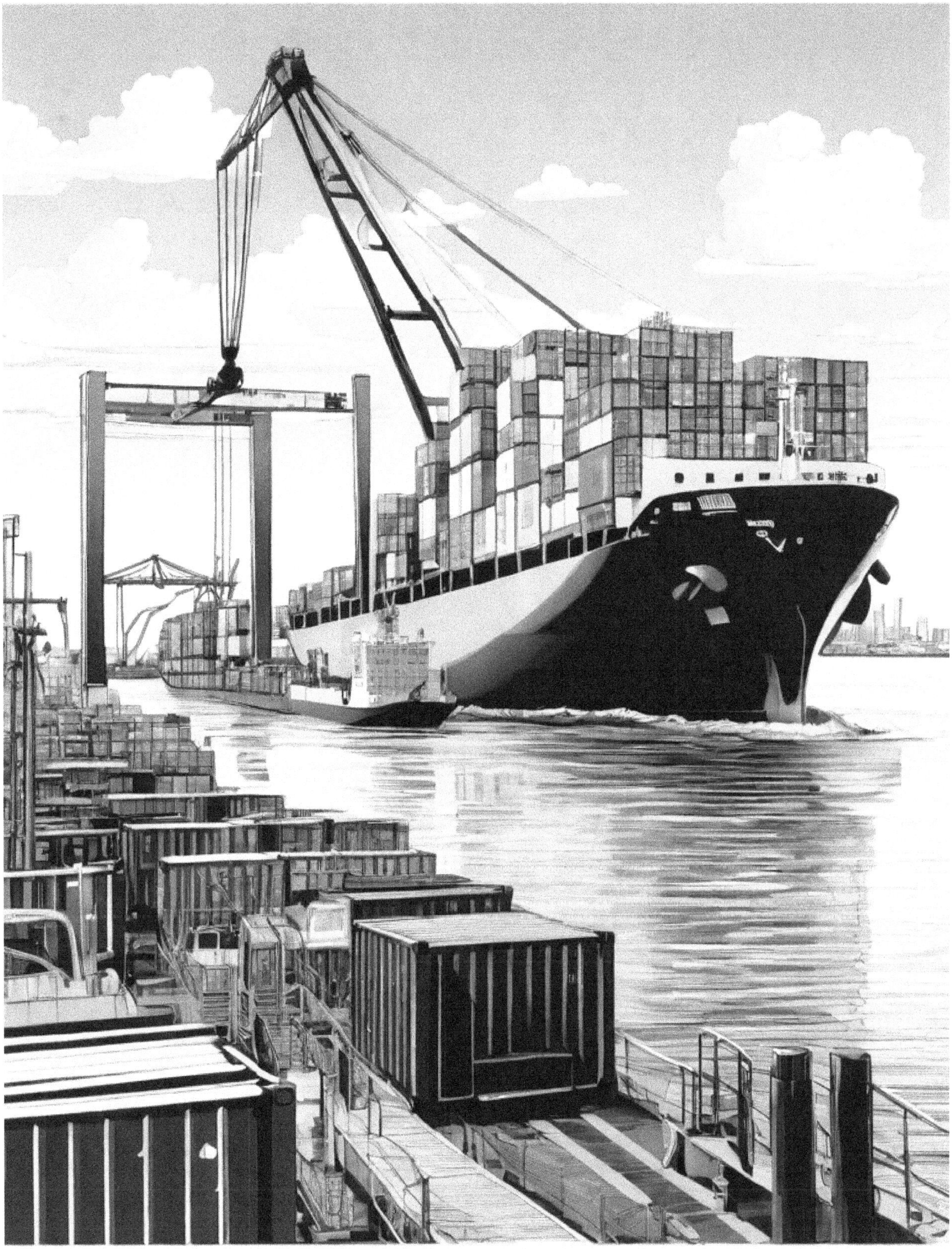

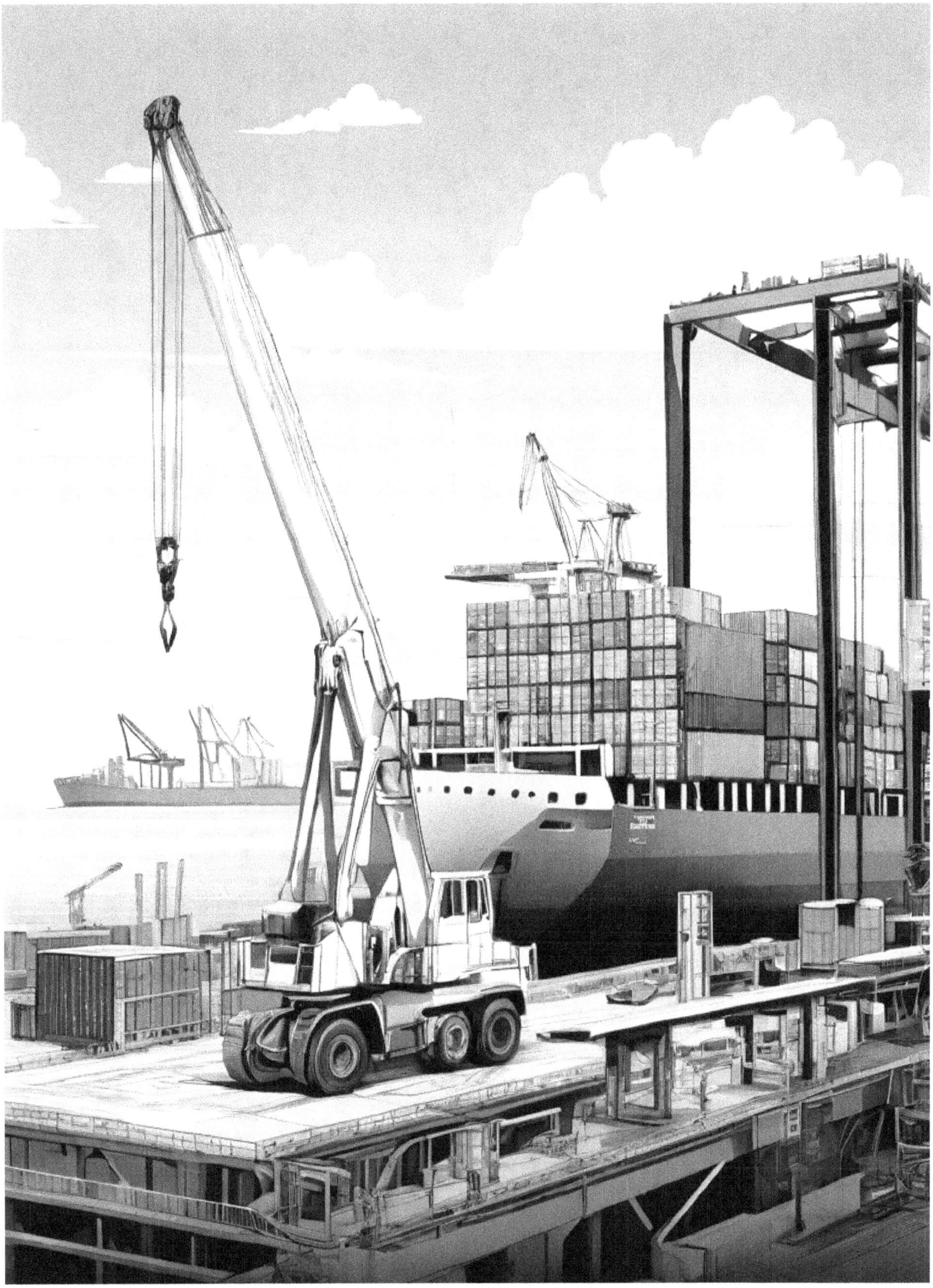

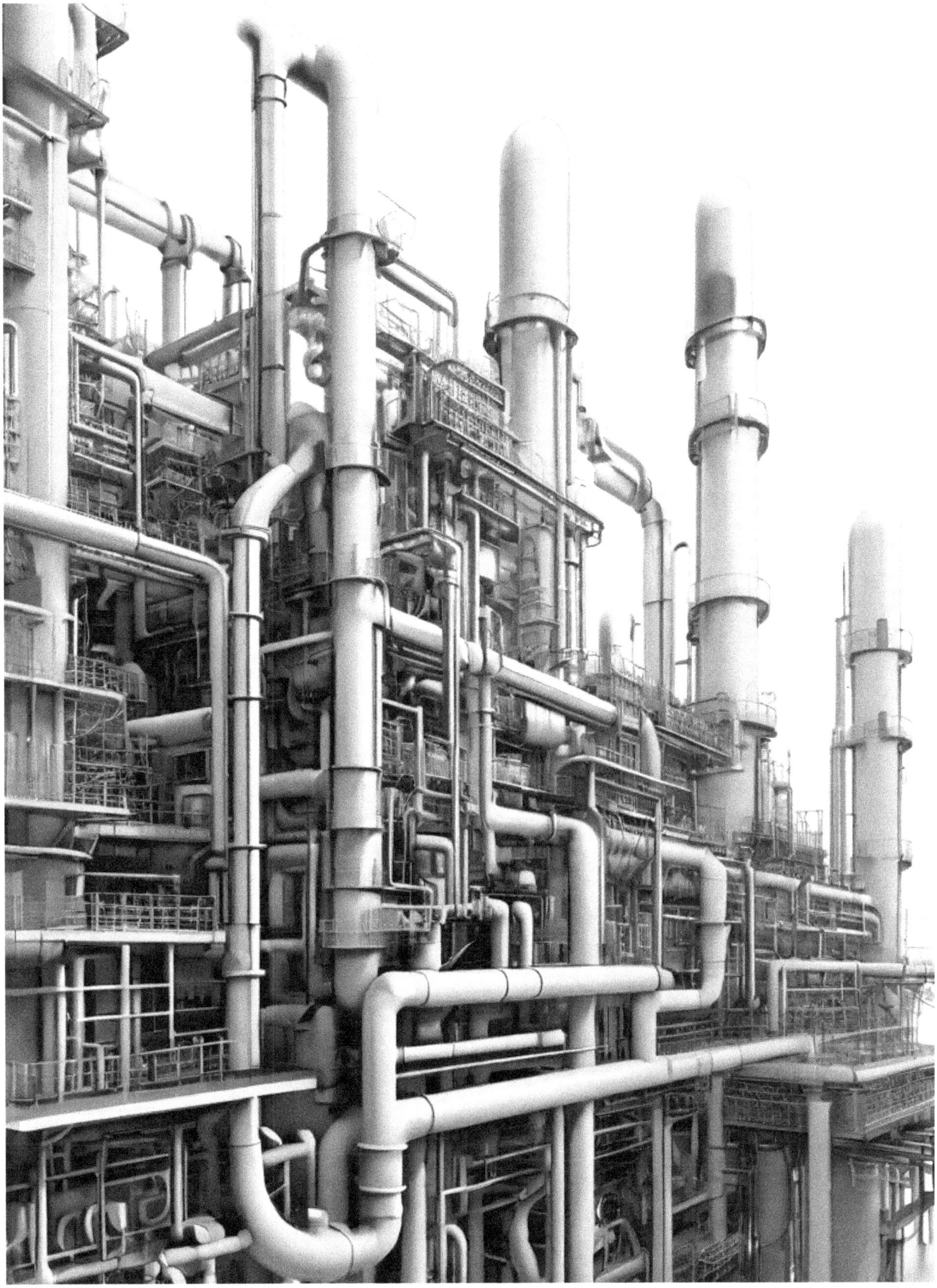

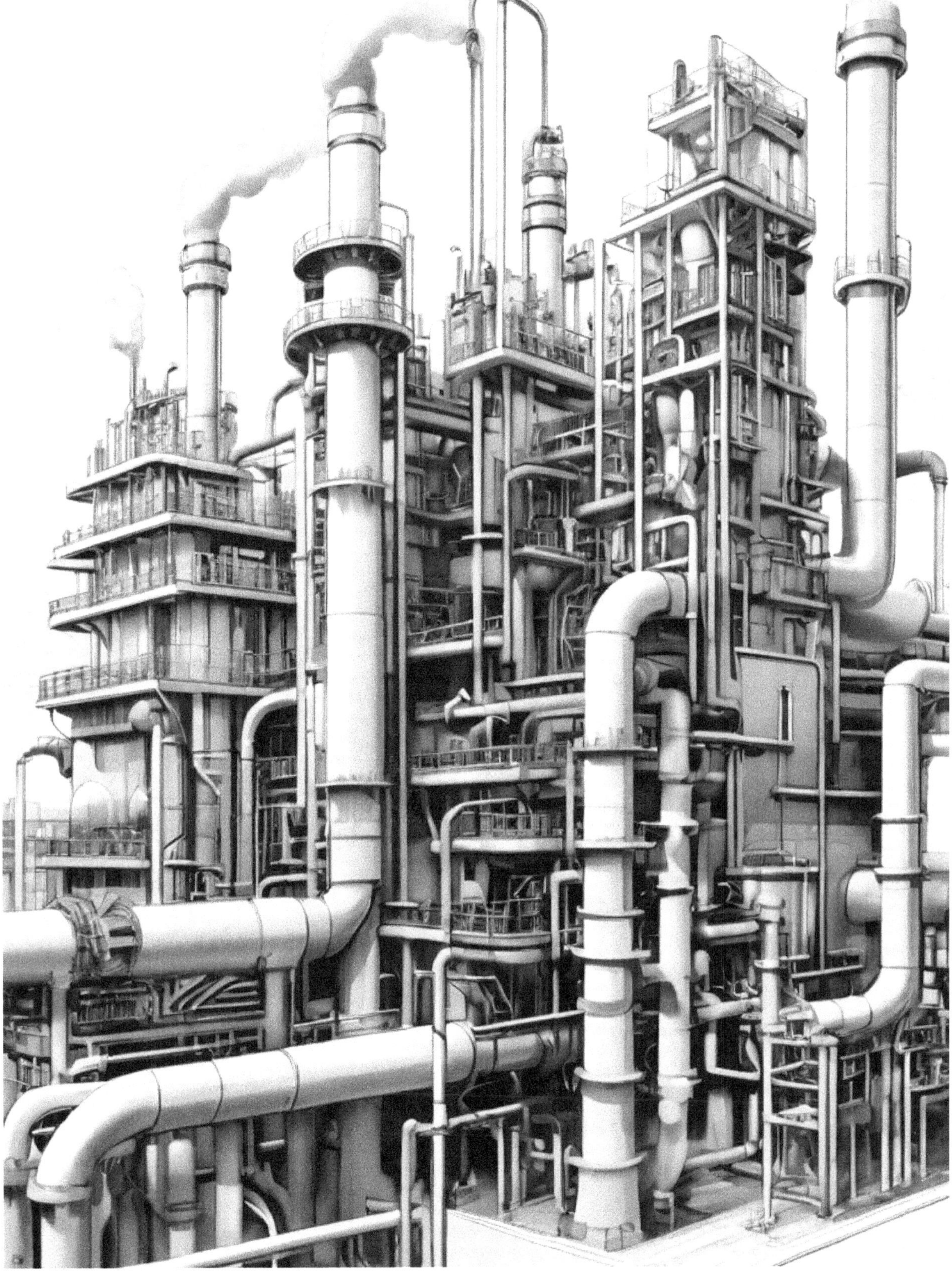

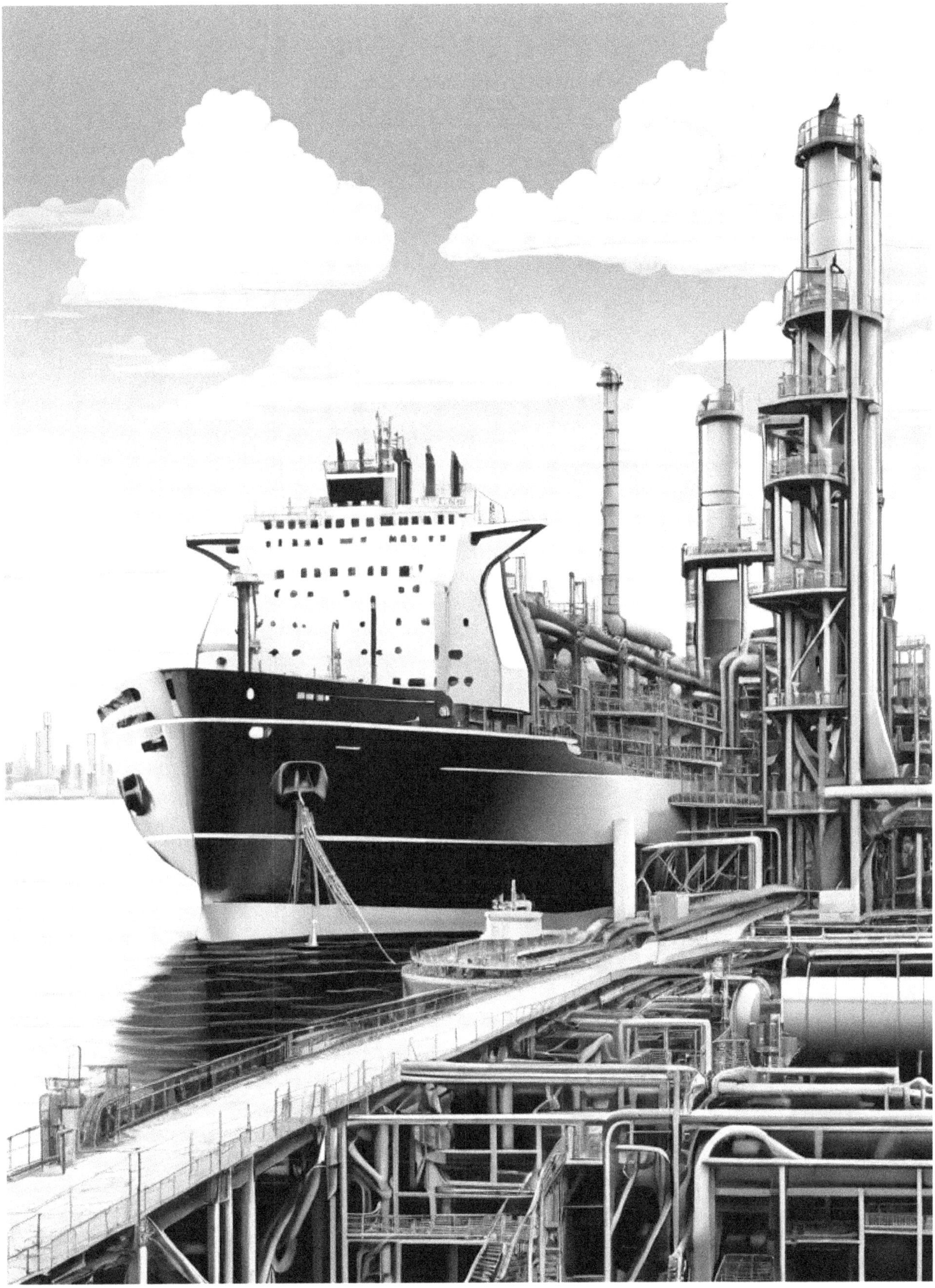

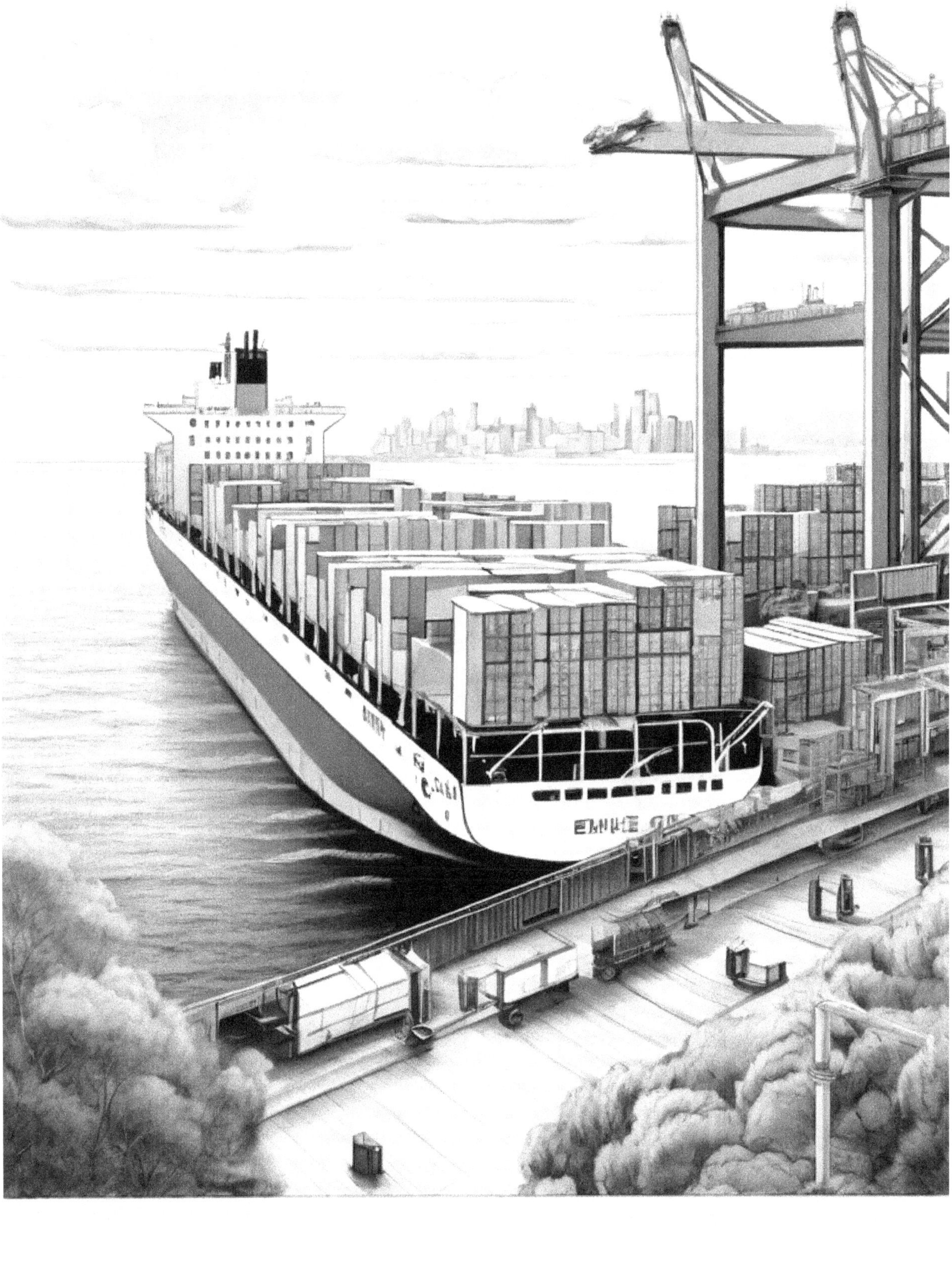

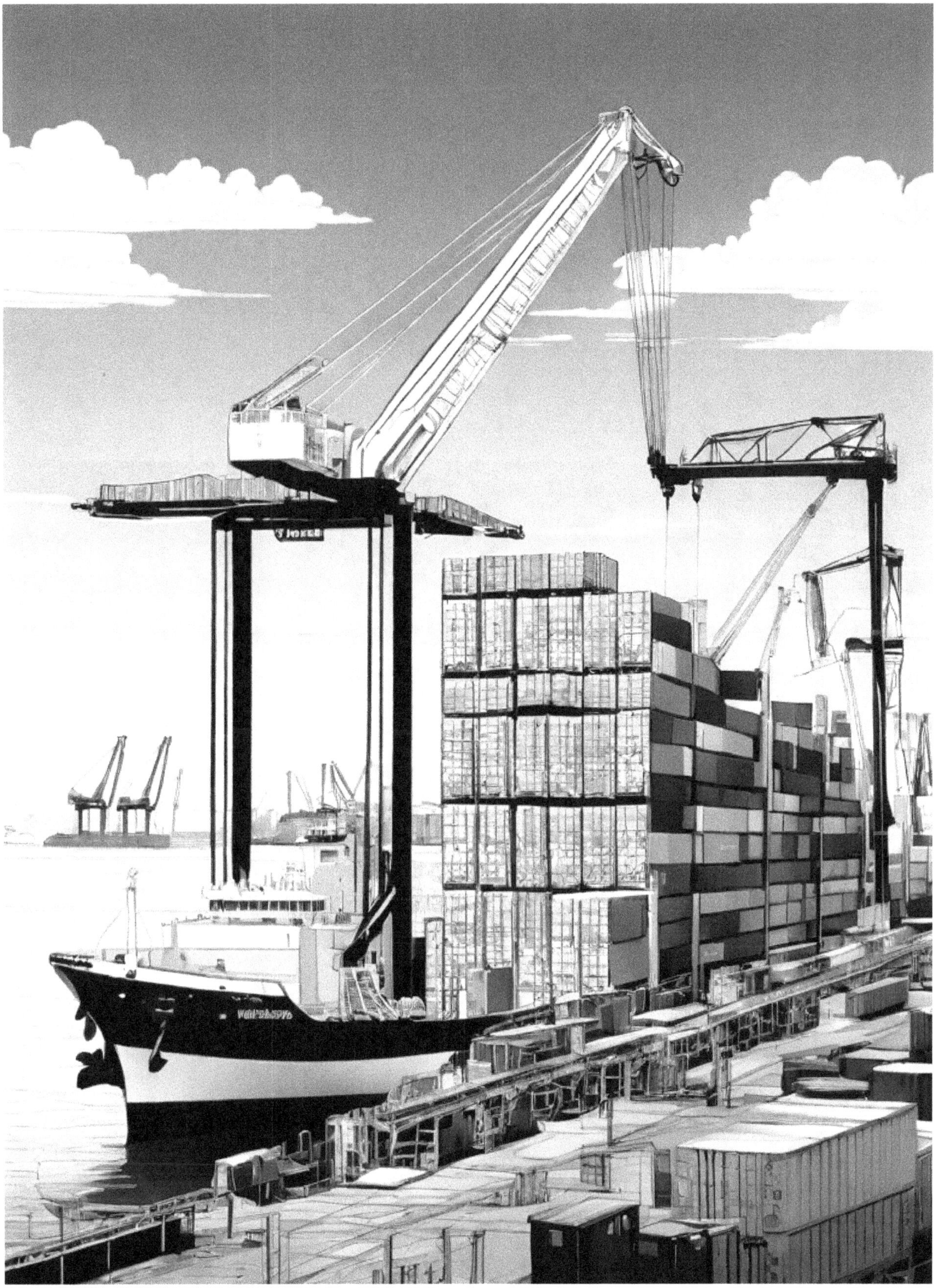

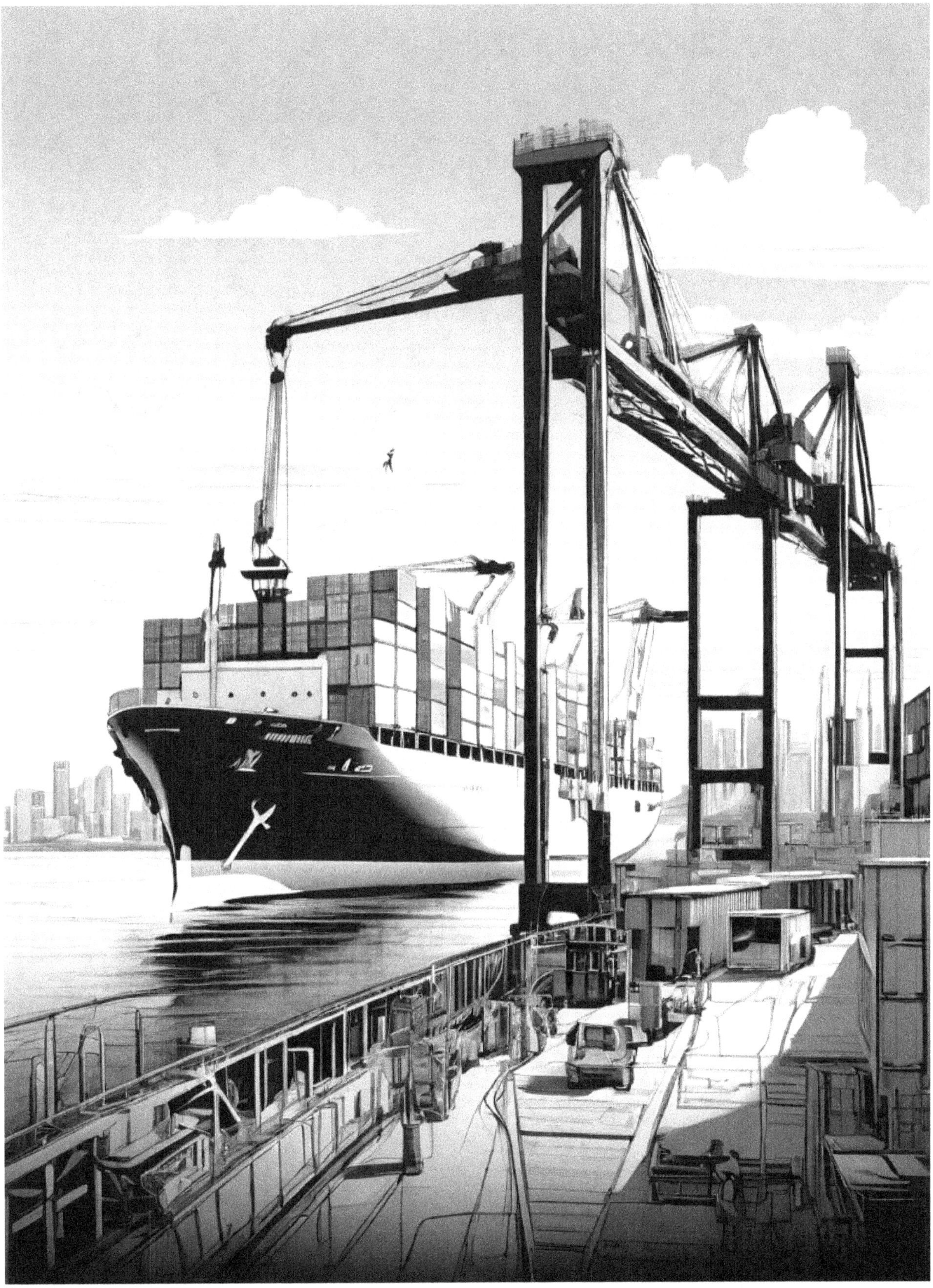

V

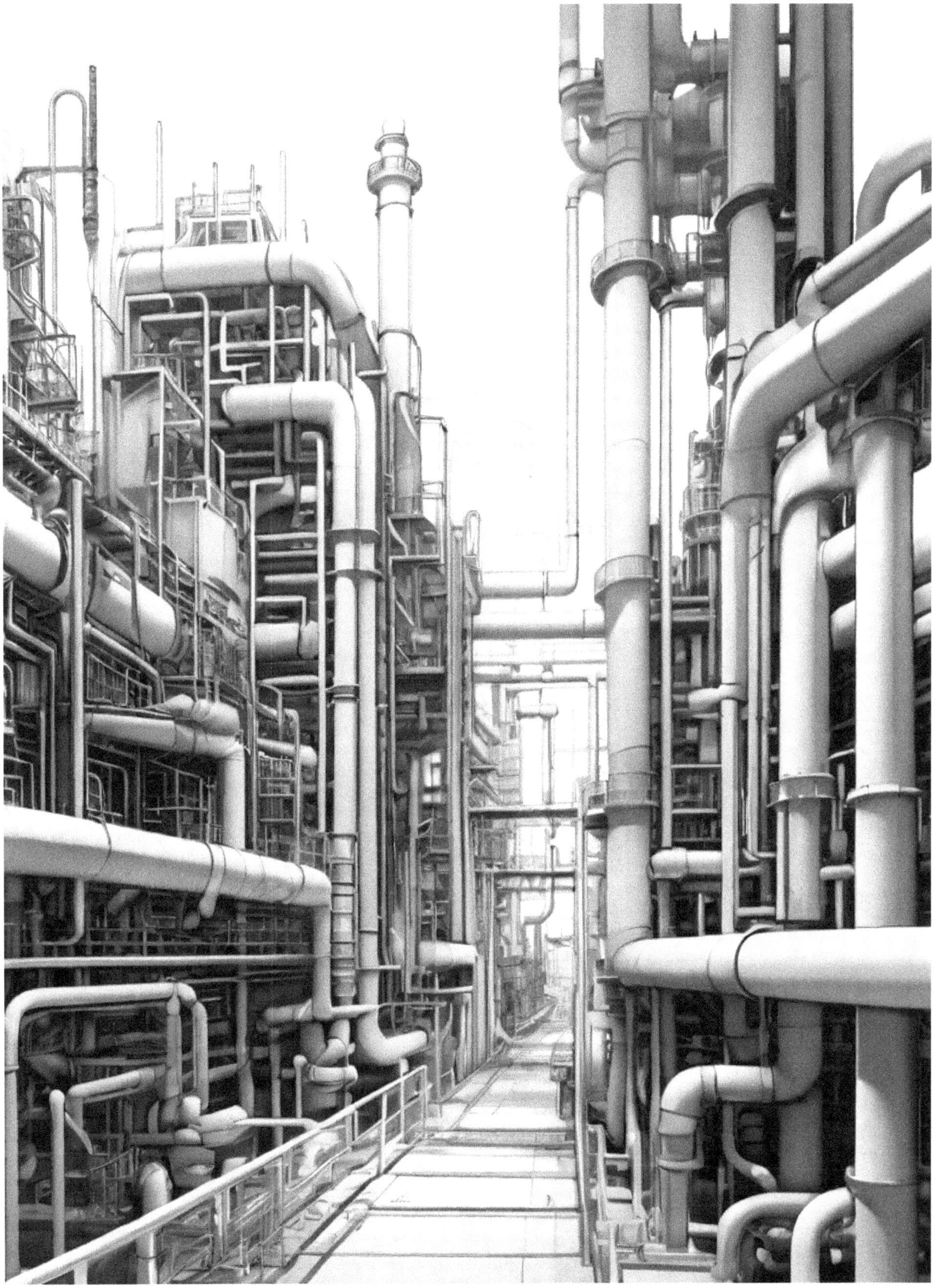

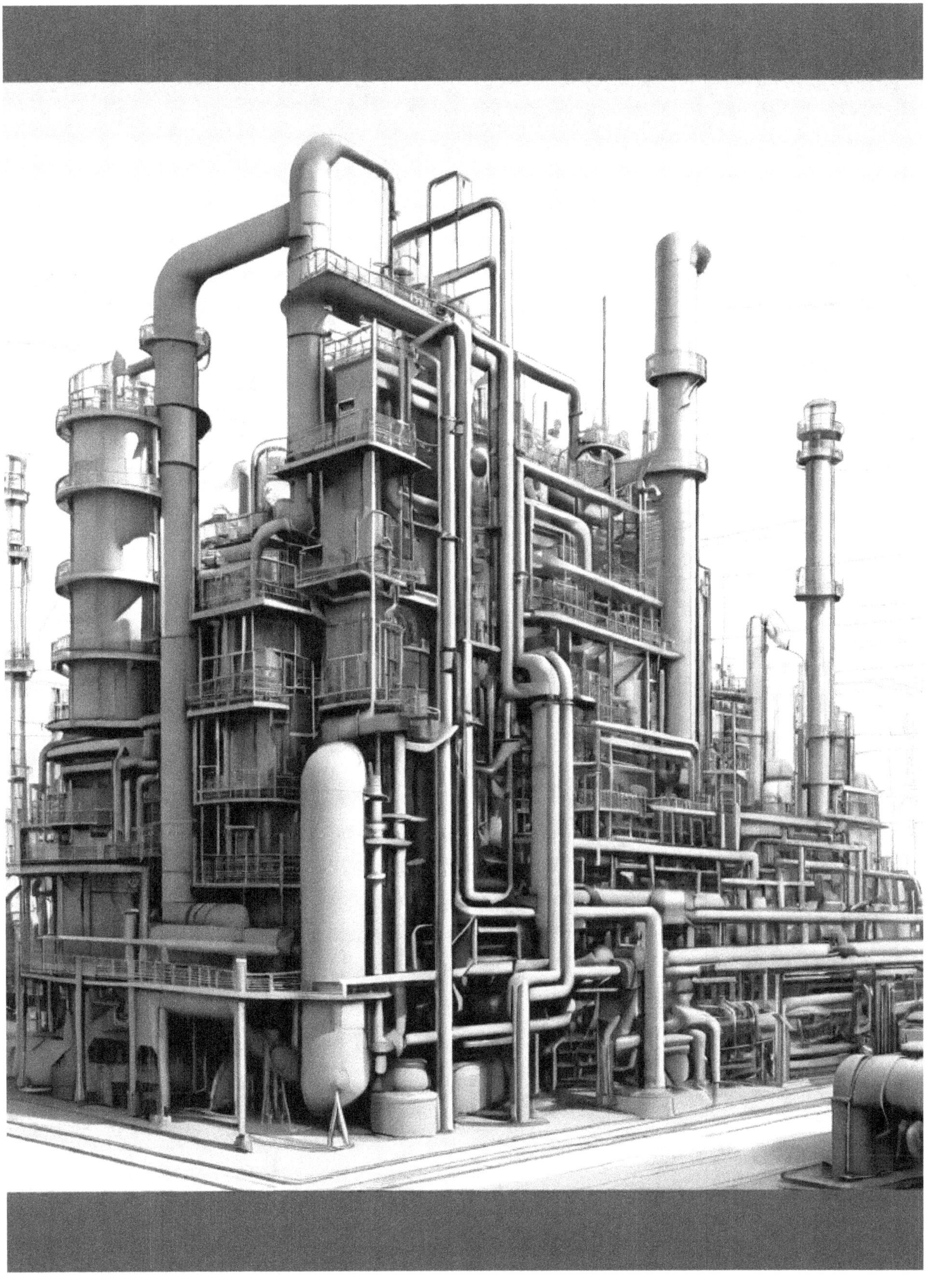

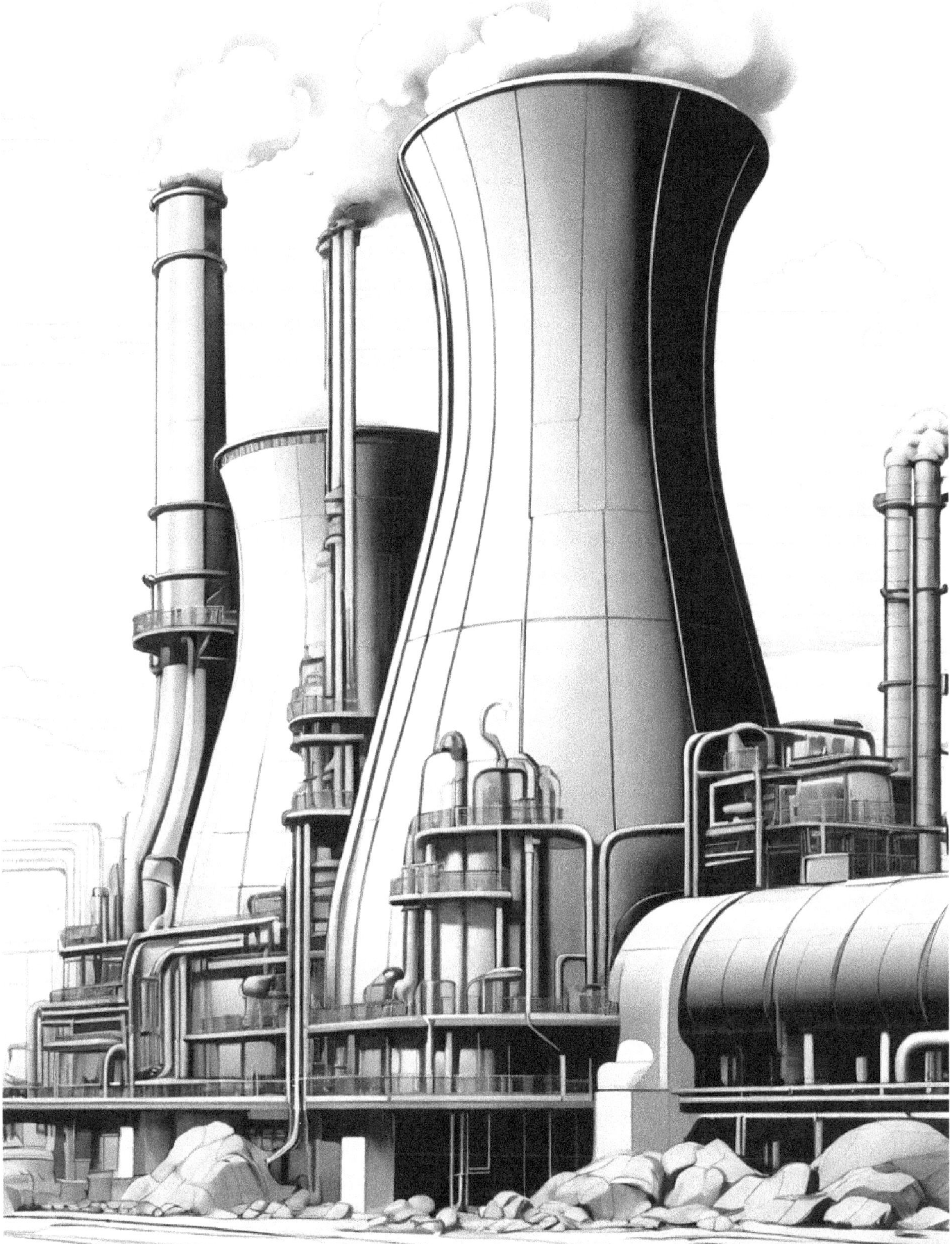

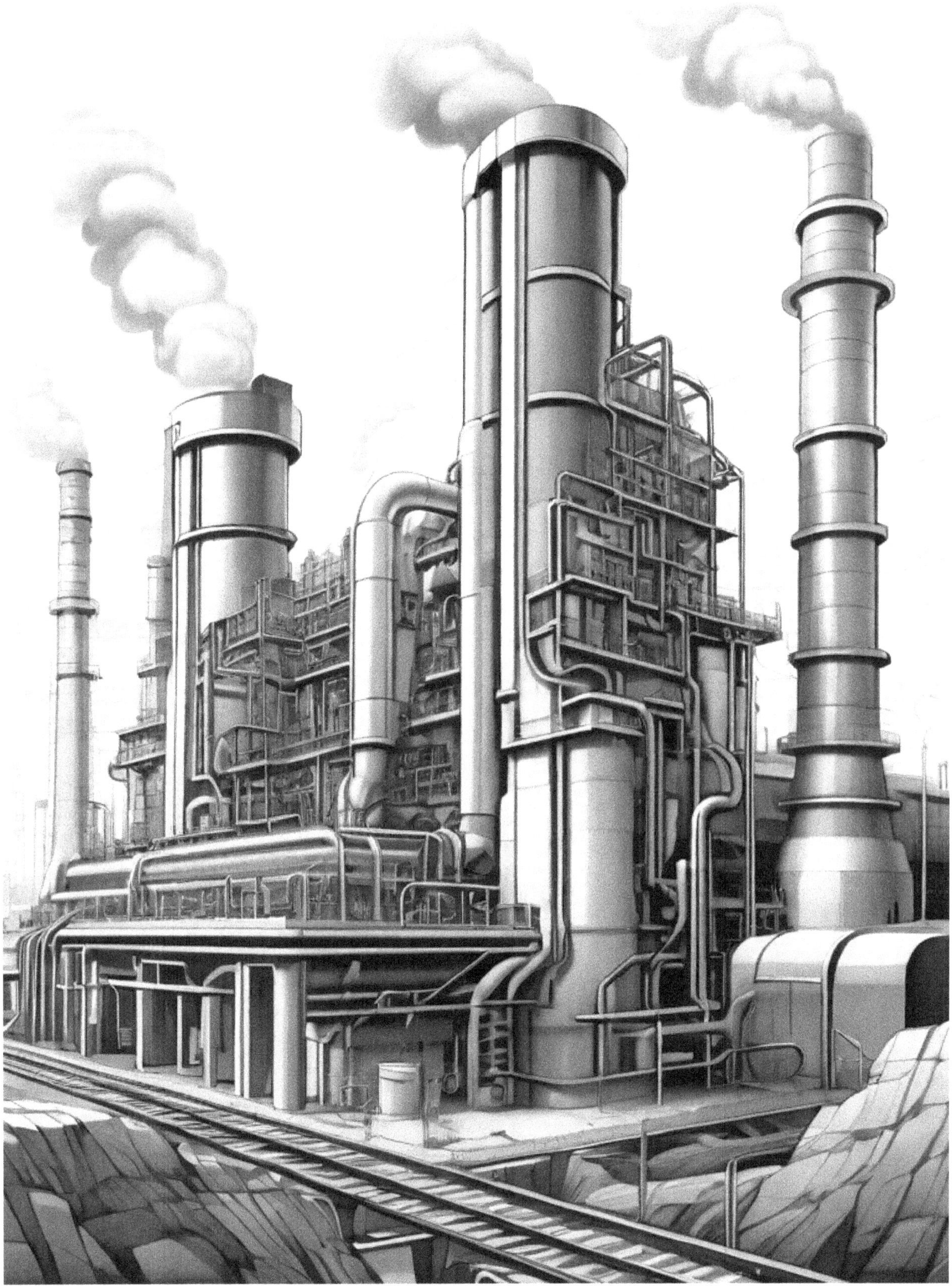

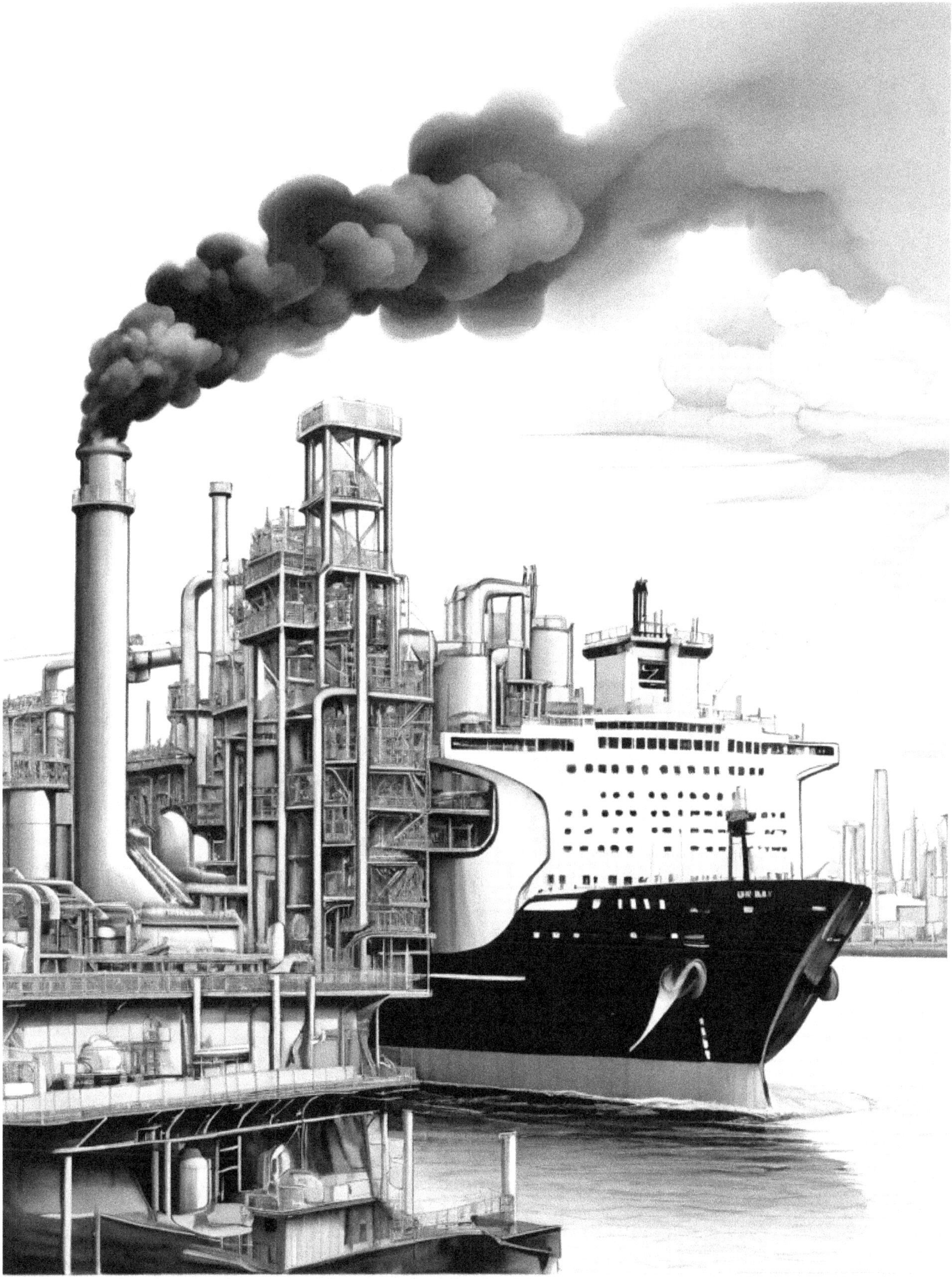

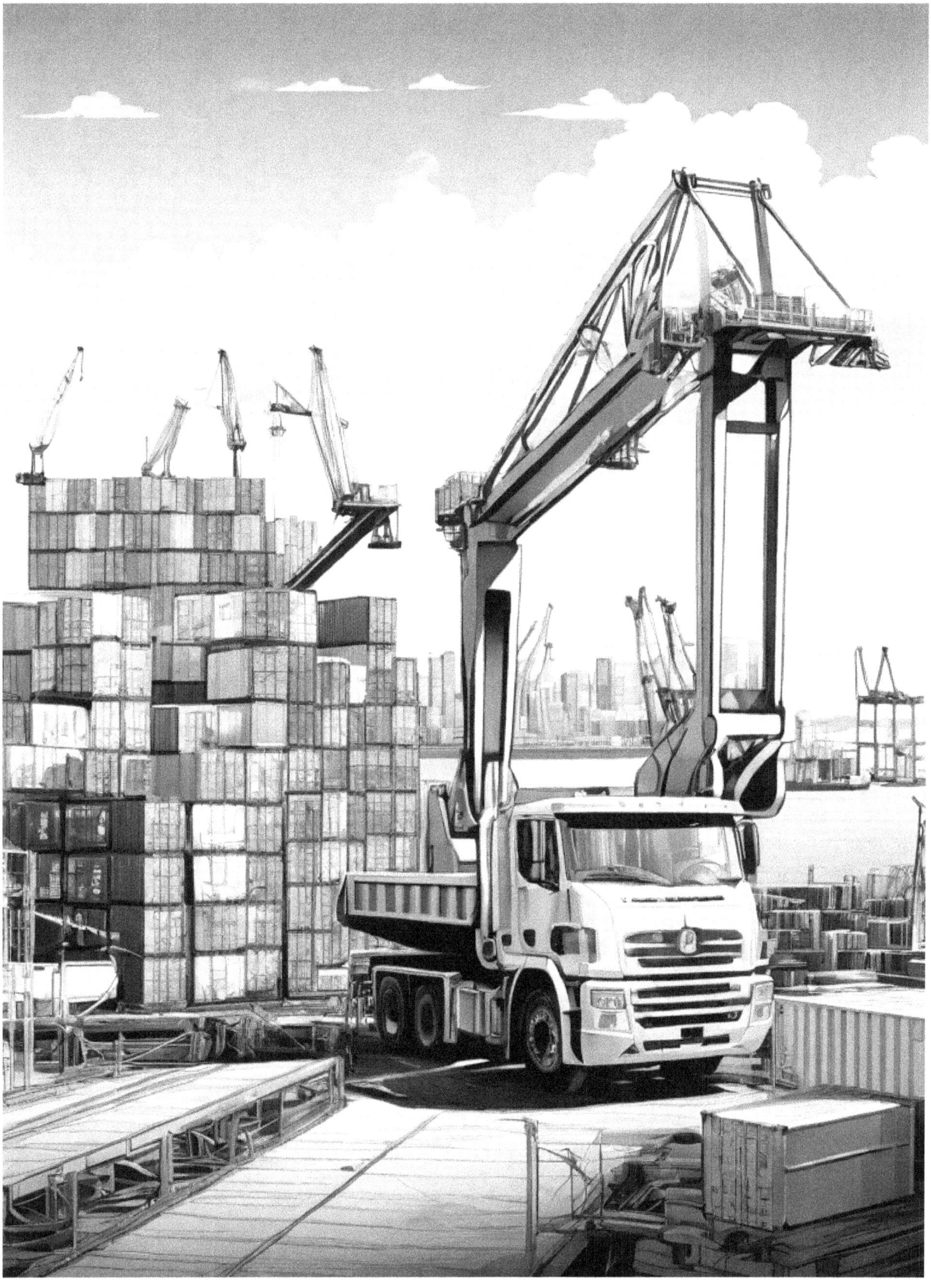

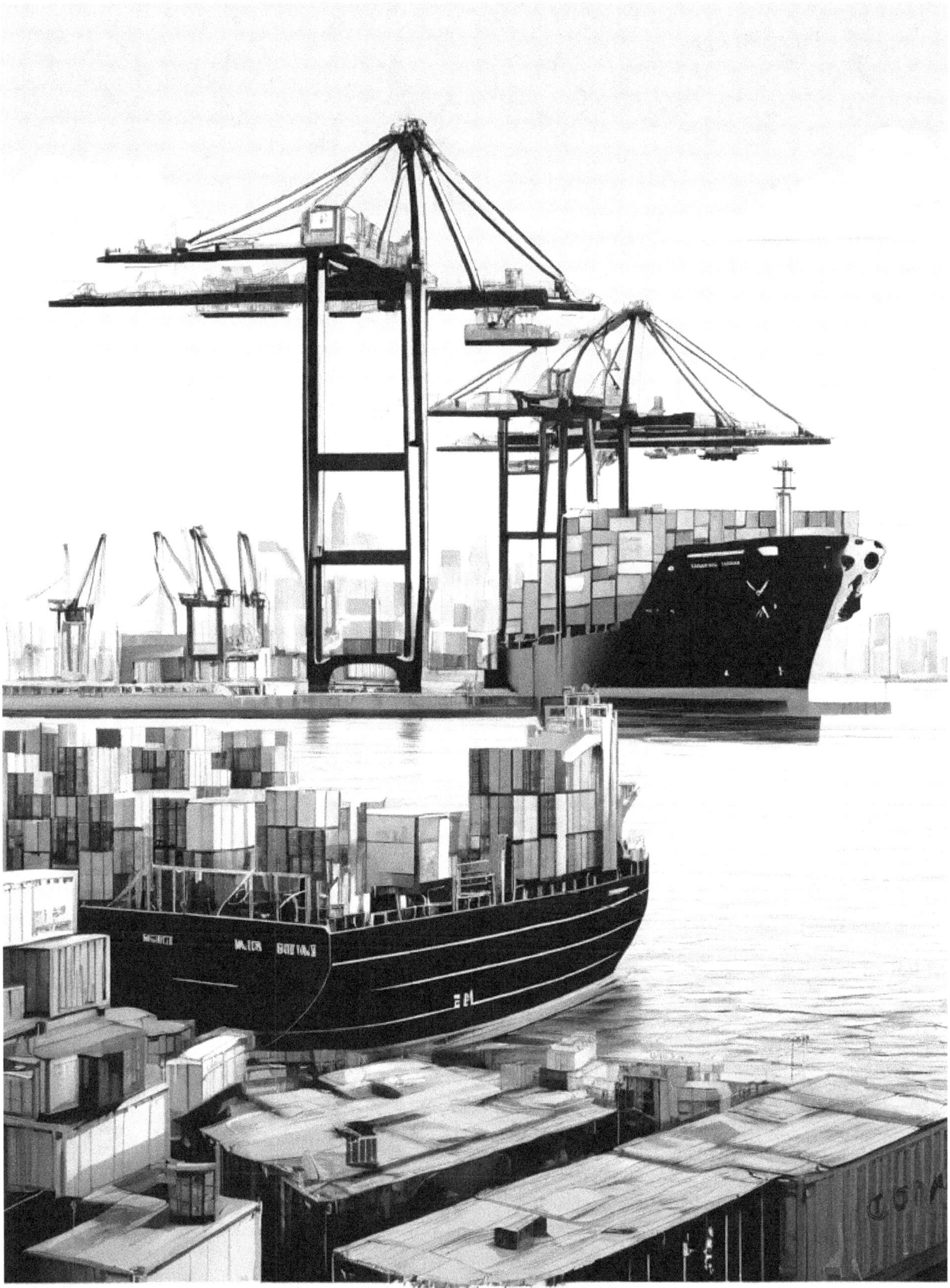

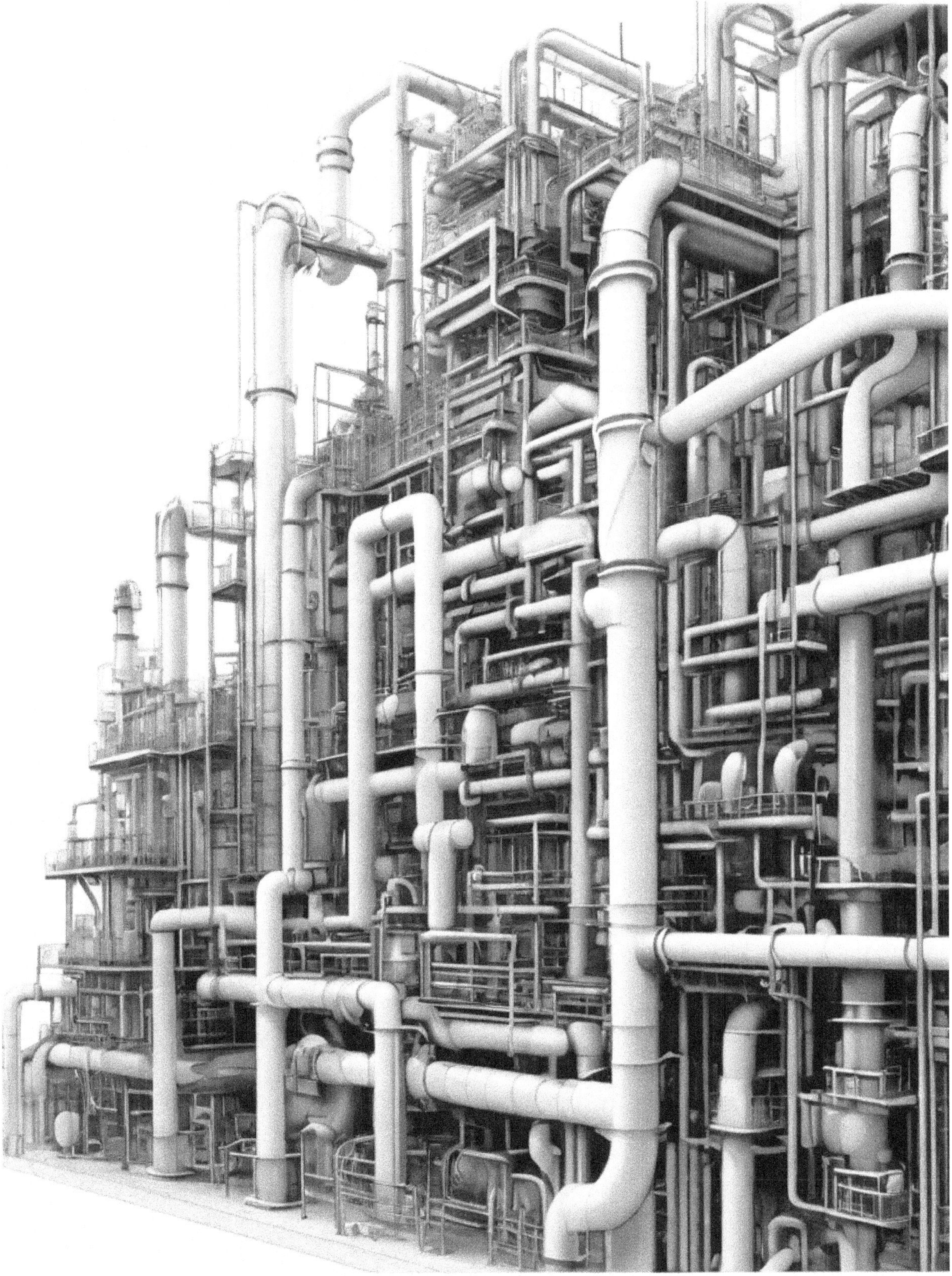

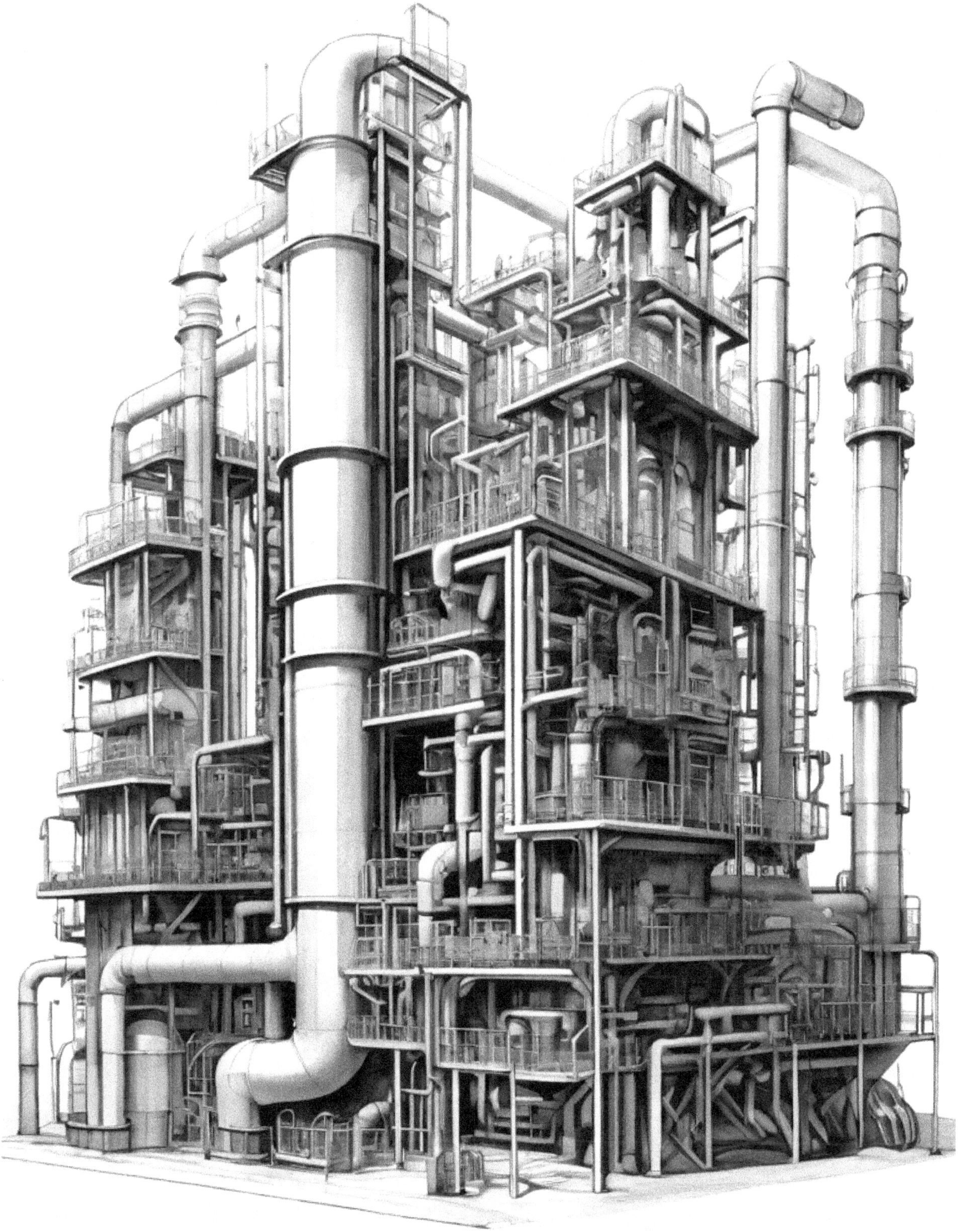

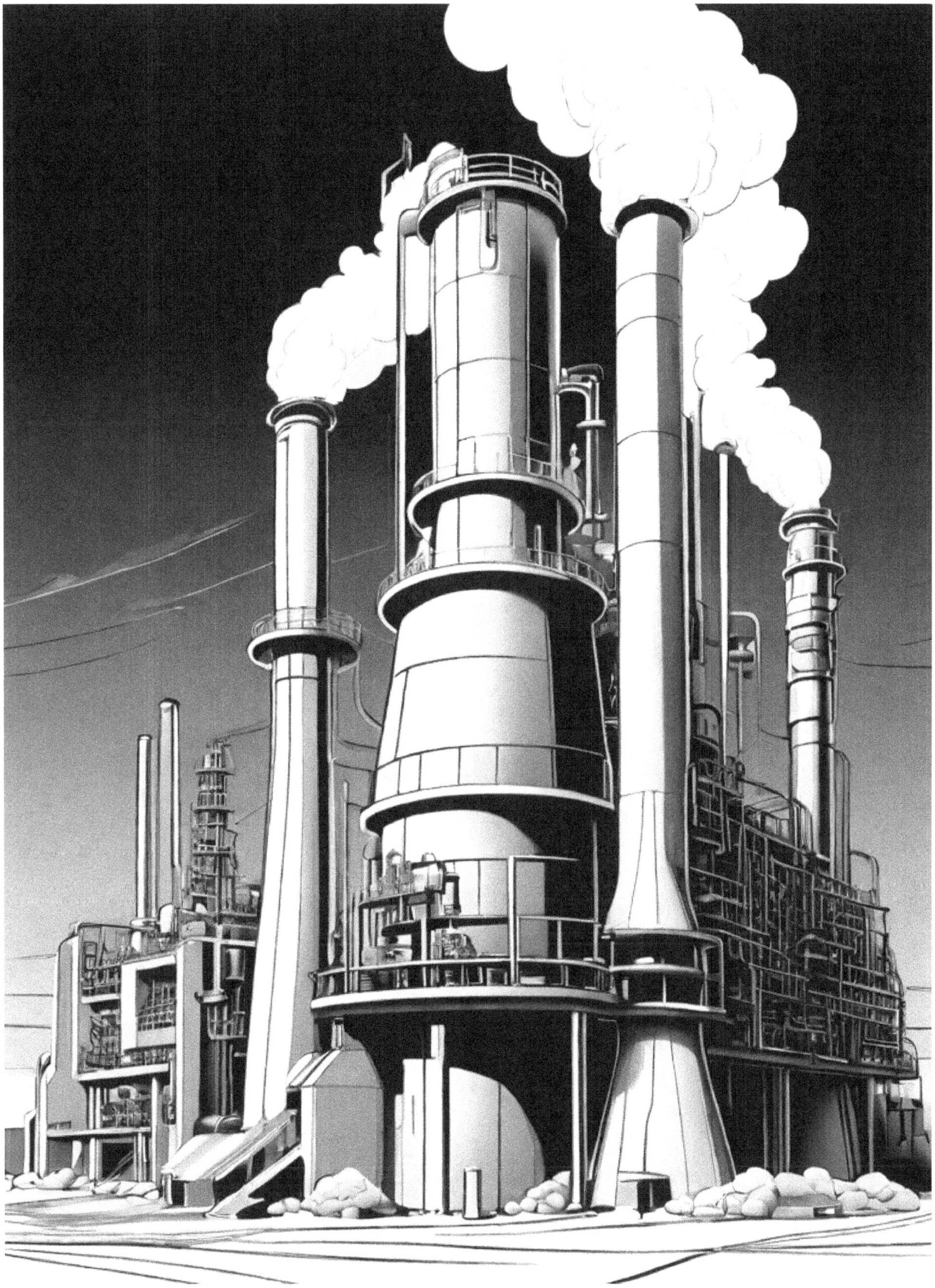

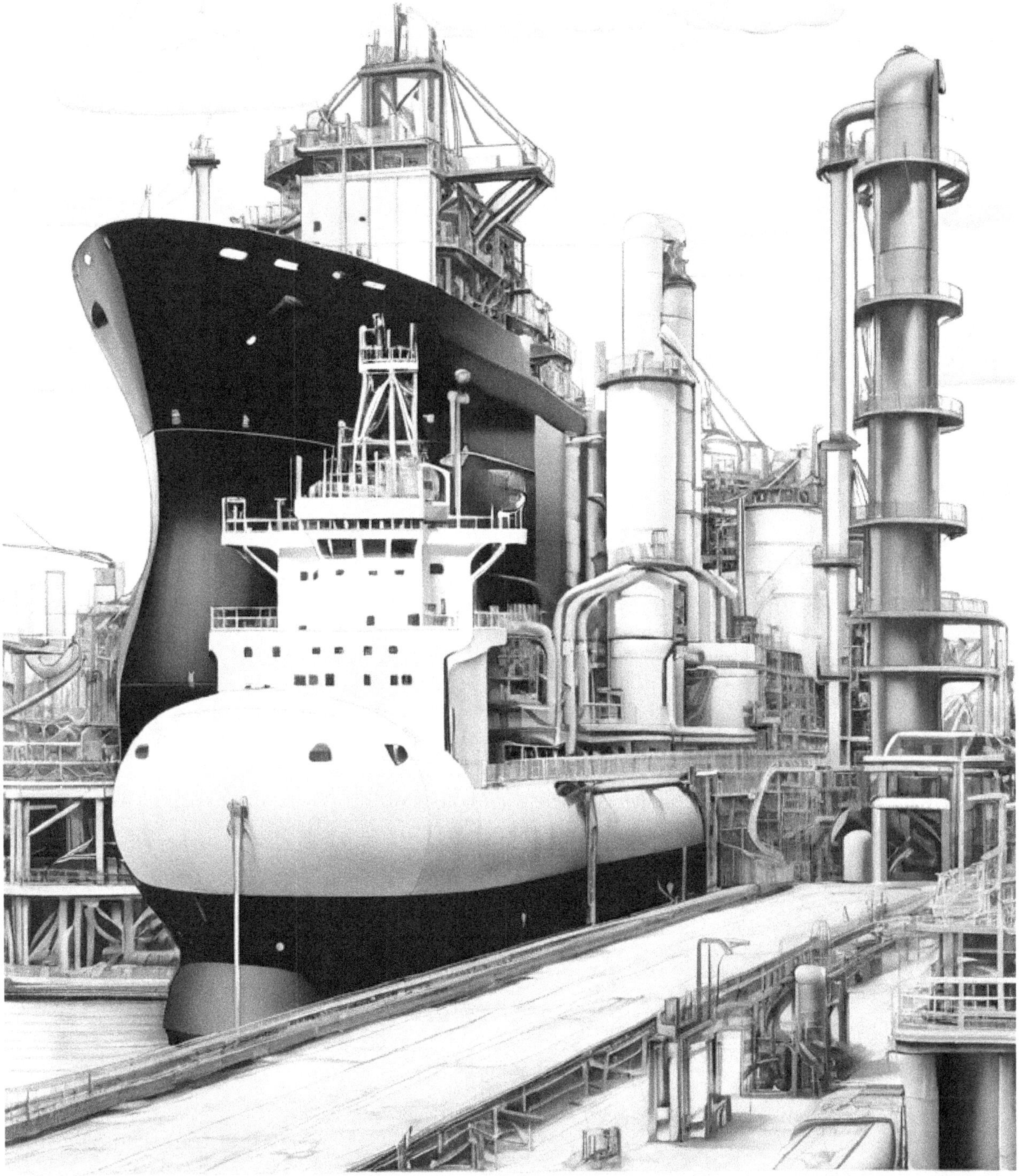

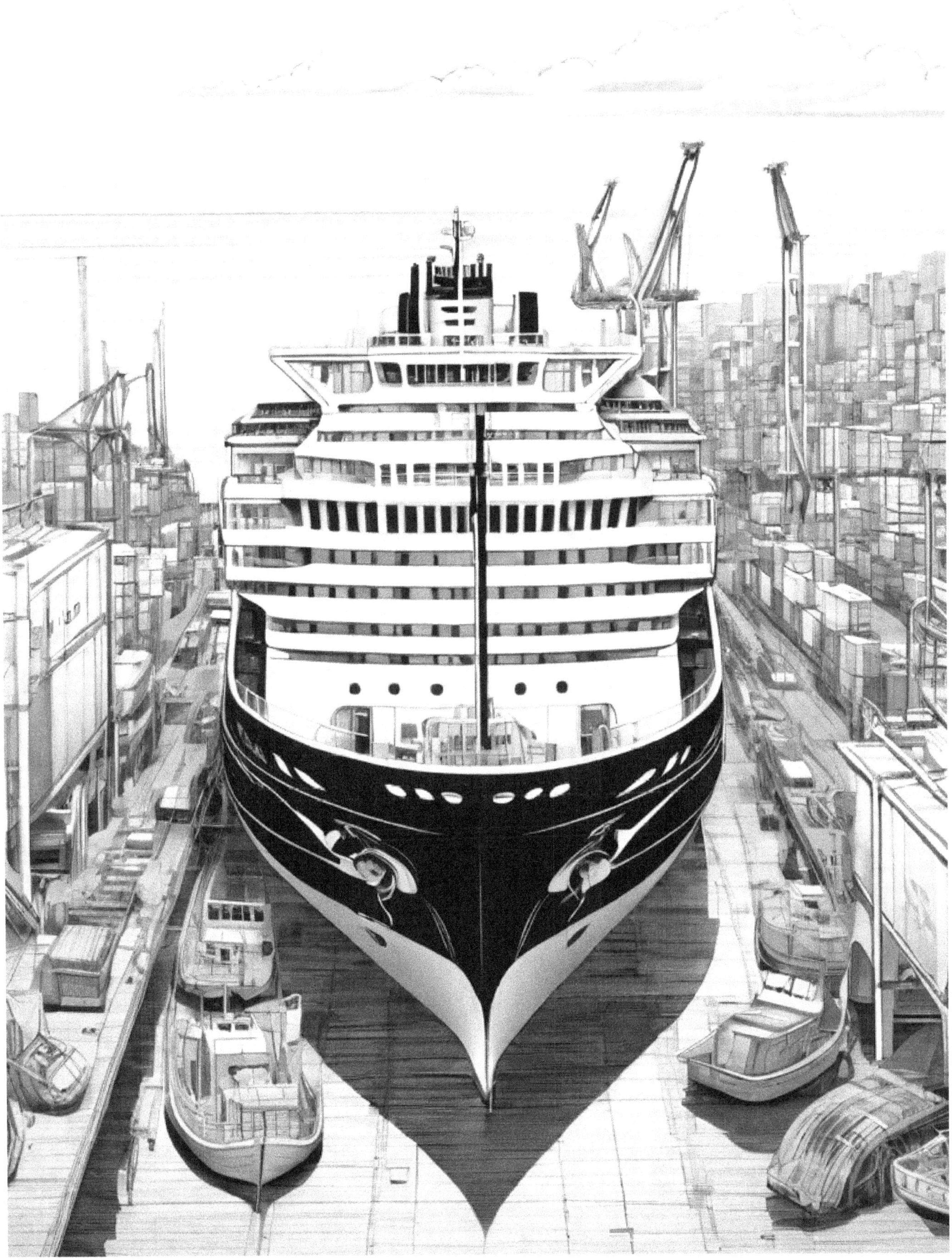

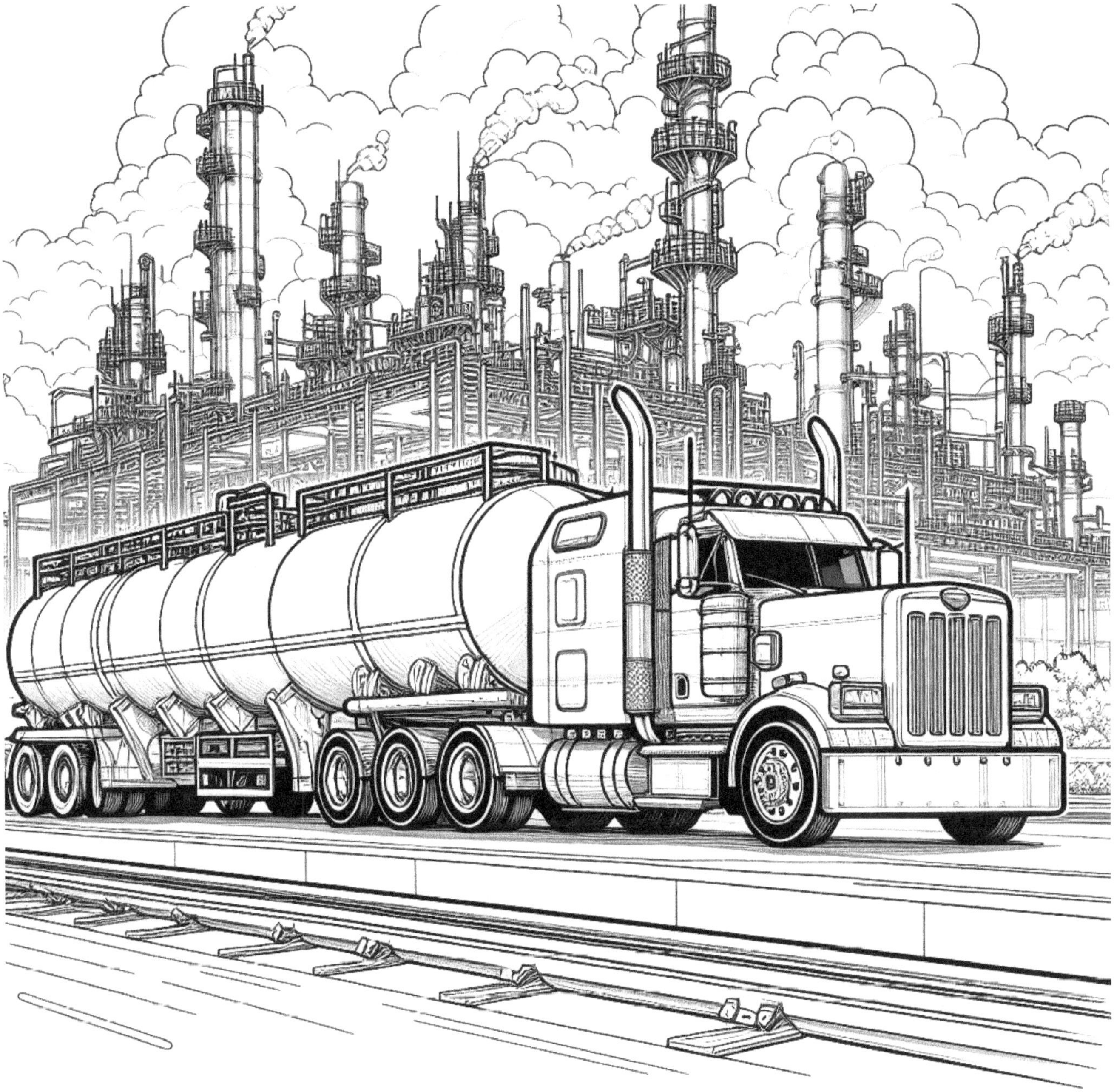

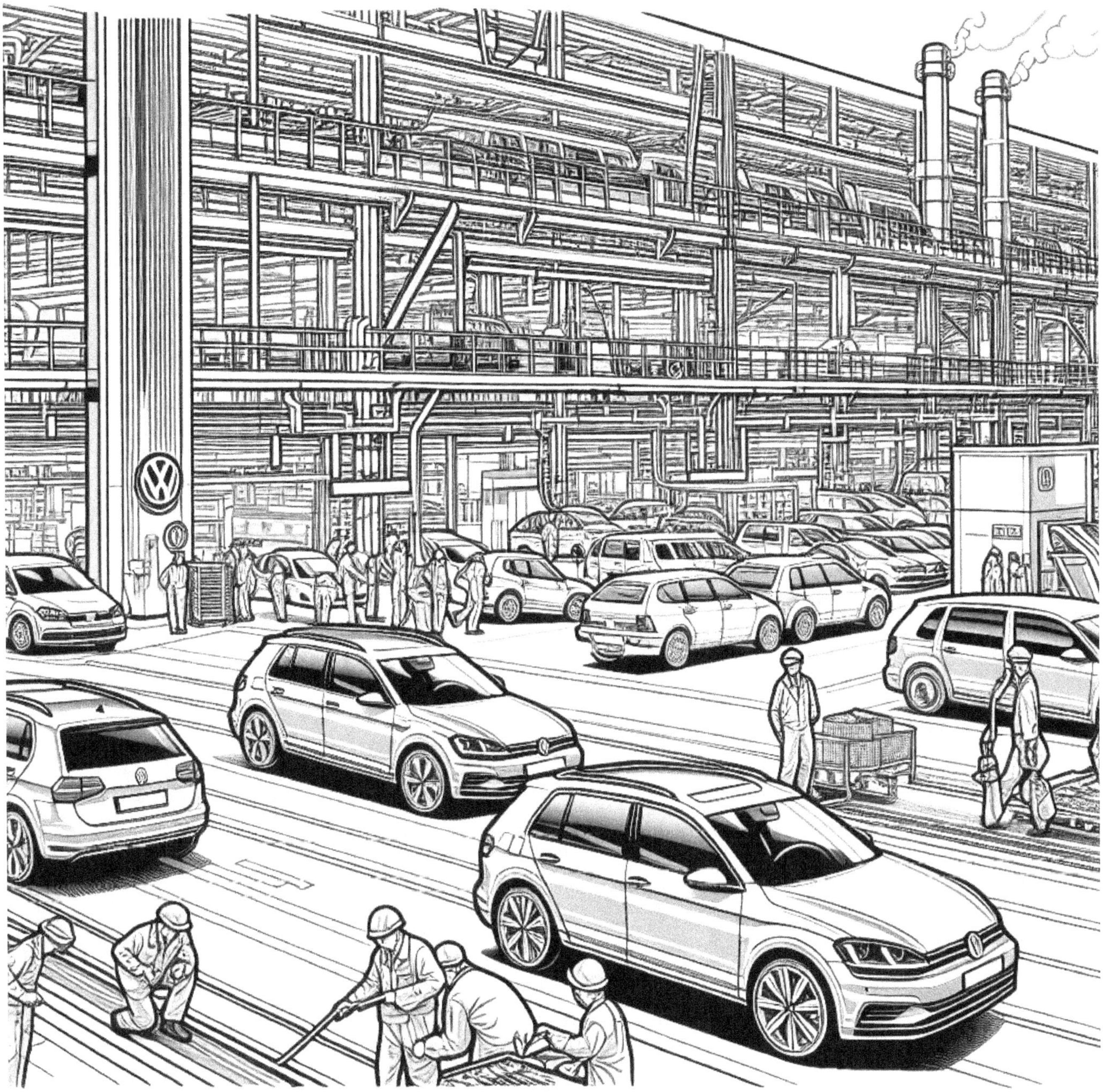

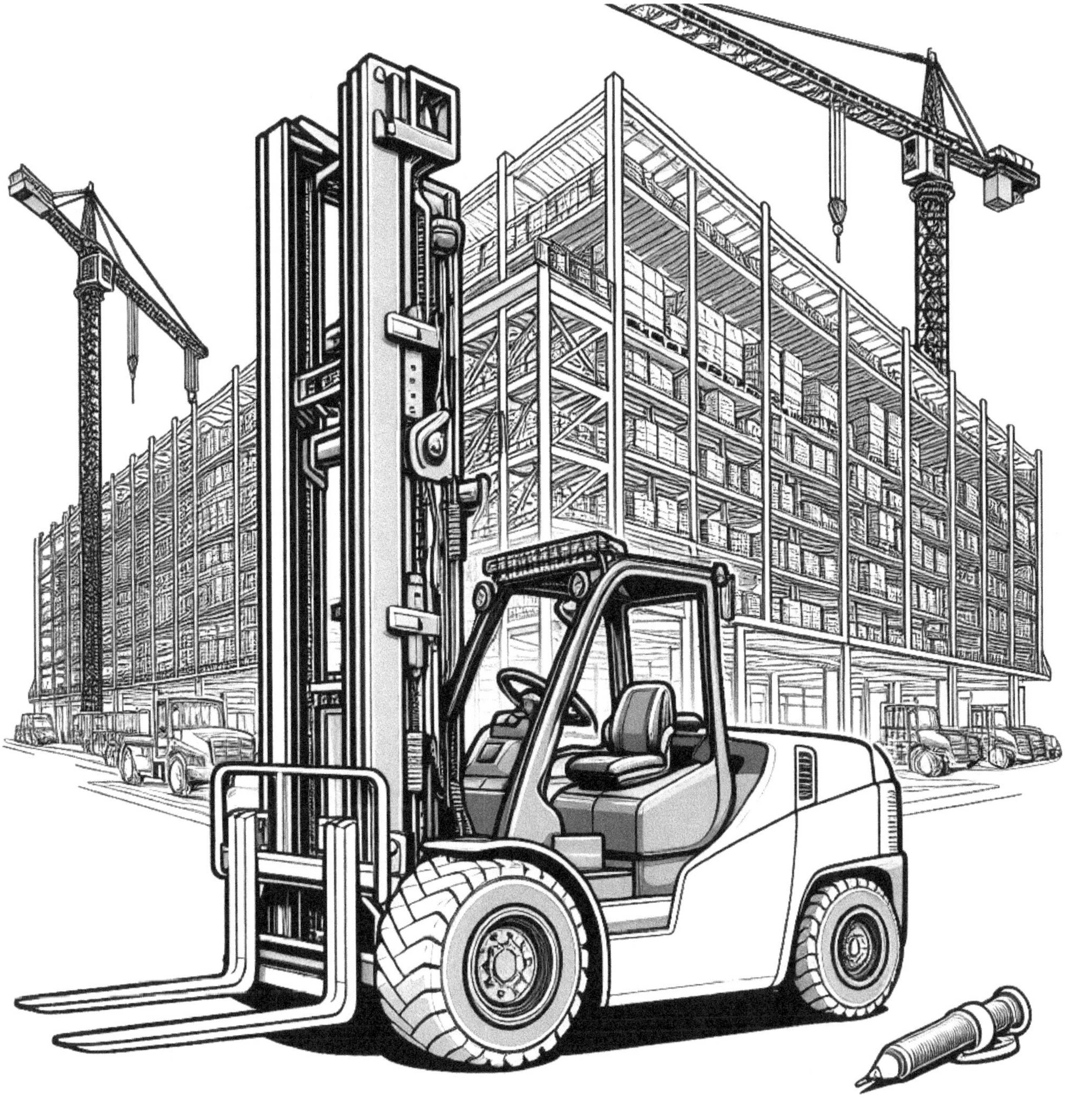

www.ingramcontent.com/pod-product-compliance
Lightning Source LLC
Chambersburg PA
CBHW082139290526
45794CB00008B/3092
9798873173150